新潮文庫

ロケット・ササキ

ジョブズが憧れた伝説のエンジニア・佐々木正

大西康之著

新潮社版

11102

ロケット・ササキ　目次

プロローグ　孫正義の「大恩人」、スティーブ・ジョブズの「師」　11

第一章　台湾というコスモポリス　27
常在戦場
フロンティア・台湾へ
辜振甫、李登輝との交流
ストライキを打つ生徒会長
異質なものを「接ぐ」

第二章　「殺人電波」を開発せよ　45
天邪鬼、「弱電」を選ぶ
本場・ドイツへの留学
電話機のスタンダードを作った京大生
どうすればアフリカで反物が売れるか
ウルツブルグ・レーダー

「この工場と一緒に死んでやる」
殺人電波と秘密戦
技術者としての「正しい道」とは

第三章　アメリカで学んだ「共創」　75
GHQからの指令
クオリティー・コントロールとは何か
ノーベル賞を二度受賞する男
真空管から、トランジスタの時代へ
トランジスタの時代
井深大の小型ラジオ
殺人電波が電子レンジに

第四章　早川電機への転身　107
ハワイでの待ち伏せ
クリスマスイブの決断
愚痴から生まれたプロジェクト

「コンピューターをやると死ぬで」
国の金には頼らない
「共創」の思想
早川電機に佐々木あり
カシオの猛追

第五章　「ロケット・ササキ」の誕生　137

「次はMOSでいくぞ」
尻込みする半導体メーカー
ロックウェルへ乗り込む
新米技術者、MOS‐LSIに挑む
ミッション・インポッシブル
技術の価値、技術者の価値
「ロケット・ササキ」という称号
ポータブル電卓誕生
「足を止めたら負ける」
佐伯旭のクーデター

第六章　電卓戦争と電子立国への道　185
天才マーケター
あえて機能を削る
後を追ったら勝てない
液晶への挑戦
偶然の大発見
電子立国とデジタル・デフレ
創業者の度量
第七章　未来を創った男　217
超ＬＳＩへ
ＭＰＵという本命
人と人をつなぐ
孫正義と西和彦
「ザウルス」を生んだ1億６０００万円
苗は肥沃な土地に植えなさい

天才、神童、カタリスト
ジョブズの相談
スパイラル戦略
「パソコンの次は音楽だと思う」
1990年の和製「iPad」
技術は人類の進歩のためにある

エピローグ　独占に一利なし　263

文庫版あとがき

主要参考文献

こんなスケールの大きい日本人が本当にいた　孫正義

ロケット・ササキ

ジョブズが憧《あこが》れた伝説のエンジニア・佐々木正

プロローグ　孫正義《そんまさよし》の「大恩人」、スティーブ・ジョブズの「師」

1977年春。岬の突端にあるサンフランシスコから対岸のバークレーへと渡る長い橋を、スーツ姿の二人の日本人が歩いていた。橋のたもとに大勢の若い男女がブルーシートを広げて座り込んでいる。

男も女も長髪で、サイケデリックなTシャツにベルボトムのジーンズをはいている。男は大半がヒゲ面《づら》である。

「あれは？」

ダブルのスーツを着た小柄な男が、部下らしき傍らの男に尋ねた。小柄な男は60歳を少し超えたところ。もう一人は彼より20歳くらい年下だろうか。

「ヒッピーですよ」

部下らしき男が顔をしかめて言った。

「ほう、あれが」

小柄な男の目に好奇の色が浮かんだ。

「ちょっと見てくる」

「専務、やめた方がいいですよ。ドラッグをやってるやつもいますから。何をされるかわかりませんよ」

部下がそう声を掛けた時にはすでに、専務と呼ばれた男はヒッピーの群れの中に入っていた。

ギターをかき鳴らして歌う者。酒を飲みながら抱き合う男女。強いマリファナの匂《にお》い。１９６０年代後半のベトナム反戦運動に端を発し、徴兵を拒否した若者たちが作ったコミュニティー（共同体）がヒッピーの始まりである。

伝統的なキリスト教の価値観を否定する彼らは、マリファナやＬＳＤを使用することを「精神の解放」と呼び、自然と平和と歌とセックスを愛する生き方を実践した。精神世界を求めてインドに巡礼したり、日本の禅に傾倒したりする者もいた。１９７０年代の前半からブームは徐々に下火になっていったが、発祥の地であるカリフォルニアにはまだ、いくつかのコミュニティーが残っていた。

小柄な男は物珍しそうにヒッピーの群れを観察している。ヒッピーたちも場違いなスーツ姿の日本人をジロジロ見ている。なおも男が観察を続けていると、群れの中から白人の大男が大股《おおまた》で近づいてきた。小柄な男は大男の足元に目をやった。裸足《はだし》だった。

「あんた、日本人か」

長髪で髭《ひげ》を伸ばし放題の大男は、見下ろすようにして言った。近くに来ると強烈な体臭がした。おそらく何日も風呂《ふろ》に入っていないのだろう。

「ああ、日本人だ」

二人の身長差は30センチほど。小柄な日本人は大男を見上げた。大男はフフンと鼻を鳴らした。

「高そうなスーツ着てるから、金はあるんだろ。俺を使って、もっと大儲《おおもう》けしないか」

経済成長を成し遂げた日本は、エレクトロニクスや自動車産業で米国を脅《おびや》かす存在であり、アメリカでは「日本人＝成金」のイメージが定着していた。

「君は何かビジネスをしているのか」

小柄な日本人がそう尋ねると、大男は胸を反らせた。

「コンピューターで世界を変えるのさ。まあ、あんたには関係ないかもしれないけどな。ところであんたは、何しにここへ来た」

小柄な日本人の温顔は変わらない。

「LSI、と言ってわかるかな。まあ君の言うコンピューターの一種だ。その研究所を見るためにアメリカに来た。バークレー校でコンピューターをやっている面白い日本人がいると聞いてね。これからバークレーに行くところだ」

大男の顔色が変わった。

「あんたLSIをやっているのか」

LSIとは半導体の、ラージ・スケール・インテグレーテッド・サーキット（大規模集積回路）を指す。IC（インテグレーテッド・サーキット）の集積度を大幅に引き上げたコンピューター・チップだ。

1960年代に米国で生まれたICは、主に軍需や航空宇宙産業で使われた。ICの集積度はどんどん上がり、一つのチップに搭載される素子の数が数十個程度だったものが、LSIでは1000個以上が詰めこめるようになった（現在は1センチ角のチップに2億個以上の素子が配置されている）。それは1977年の時点で、紛れもなく最先端の半導体技術だった。

「いかにも、うちの会社はLSIをやっている」

小柄な日本人が認めると、大男は興奮して言った。

「そいつはすごい。俺はまだ実物を見たことがないんだ。あんたが行く研究所に俺も連れて行ってくれ。どうしてもこの目で見たい」

先ほどまでの尊大な態度はどこへやら、大男の声は哀願調に変わった。小柄な日本人は戸惑った。

「いきなり見せてくれと言われてもなあ」

そう言いながら相手の目をじっとのぞき込むと、大男も負けじとのぞき返してくる。彫りの深い顔に並んだ二つの瞳《ひとみ》は、見る者を吸い込む強烈な磁力を放っていた。

（この男とは付き合っておいた方がいい）

小柄な日本人は咄嗟《とっさ》にそう判断した。

「わかった。私のホテルを教えよう。あとでそこに連絡してきなさい」

ポケットから小さな手帳を出すとホテルの名前を書き込んでページをちぎり、大男に渡した。

「名前をまだ言っていなかったな。私は佐々木正《ただし》。日本のシャープという会社で役員をしている」

大男は少し考えてから言った。

「シャープ？　知らないな。俺はスティーブ。スティーブ・ジョブズだ」

そう言い残すと、渡されたメモをＧパンのポケットにねじ込み、大股で仲間たちのもとへと帰って行った。

佐々木正はシャープの技術担当専務である。カシオ計算機との激しい「電卓戦争」でシャープの陣頭指揮を執り、後に「電子工学の父」とも呼ばれた。電卓は当時、電子工学のあらゆる先端技術が詰め込まれた最先端のハイテク商品だった。

1964年に早川電機が発売した世界初のオールトランジスタ電卓は、重さ25キログラムで価格は53万5000円。机の上を占拠する大きさで、自動車が1台買える値段だった。

だが激しい開発競争の中で、電卓は劇的に小さく、安くなっていく。それを可能にしたのがLSIだ。軍需産業でしか使われていなかったLSIを「電卓に使う」と決めたのが佐々木である。

シャープは1969年に世界初のLSI電卓（9万9800円）を発売した。製品の重さはわずか1・4キログラム。わずか5年で重さは18分の1、価格は5分の1になった。その後も電卓は進化を続け、1985年にはついに、胸ポケットに入る重さ11グラムのカード電卓（7800円）が発売された。凄《すさ》まじい技術革新である。

20年間に及ぶ「電卓戦争」は日本メーカーの独壇場《どくだんじょう》だった。半導体を発明した米国も、電卓を発明した英国も、日本メーカーが仕掛ける激烈な小型・低価格化競争についていけず、続々と脱落した。電卓は日本が外貨を獲得する輸出産業としても、重要な役割を担《にな》った。

まだパソコンも携帯電話もゲーム機もなかった時代。電卓は民生分野における半導体の最大市場であった。将来有望な電卓市場には、最盛期に国内だけで約60社が参入した。その中にはキヤノン、ソニーといった大手メーカーの姿もあったが、「軽薄短小」を極限まで追求する激烈な開発競争に耐えられずに落伍《らくご》していき、最後はシャープとカシオ計算機のマッチレースになった。

電卓の激しい価格戦争の間に、頭脳であるLSIは爆発的な進化を遂げた。これが後のパソコン、携帯電話、スマートフォンへとつながっていく。

電卓が生んだイノベーションはLSIだけではない。

電卓を薄く軽くするために、蛍光管より消費電力の少ない液晶表示装置が生み出された。これがやがて液晶テレビやスマートフォンに進化していく。薄く、軽くを追求するため民生品で初めて太陽電池を使ったのも電卓である。いまや風力発電と並び「再生エネルギーの柱」とされる太陽電池だが、電卓がなければ量産されることはなかった。

半導体産業を育てた電卓はハイテク技術の孵化器《ふかき》であり、電卓戦争は様々なデバイスを産み落とすことで、現在のインターネット社会の礎《いしずえ》を築いた。電卓戦争でシャープの開発部門の責任者を務めた佐々木は、まさに時代の先頭を走っていた。その電卓戦争も、佐々木がバークレー校を訪れた1977年には、ほぼ終熄《しゅうそく》していた。佐々木はLSIを使った次の事業を模索するために、米国のLSI工場を回っていたのである。

その頃、アメリカでは半導体を使った新しい産業の姿が、おぼろげに浮かびつつあった。佐々木と出会う2ヶ月前の1977年1月、スティーブ・ジョブズは、親友で天才エンジニアのスティーブ・ウォズニアック、投資家のマイク・マークラと資金を出し合ってアップル・コンピューターを設立した。

1975年、「アルテア8800」というコンピューターの組み立てキットが売り出された。ウォズニアックはその廉価版《れんかばん》を開発し、コンピューターの愛好家が集まるシリコンバレーの「ホームブリュー・コンピューター・クラブ」で発表。絶賛された。ジョブズはウォズニアックが作った「それ」が「ビジネスになる」ことに気づき、個人向けコンピューター「アップルI」として666・66ドルで発売した。キーボードもモニターも付いていない、今思えば不完全な製品だったが、それでも一部のマニアには受け入れられ、ジョブズたちはかなりの額の利益を手にした。

その資金を元手に、より本格的なパーソナル・コンピューター「アップルⅡ」を開発・生産するため、ジョブズはウォズニアックとマークラを引き込んでアップルという会社を立ち上げた。

会社と言っても本社はジョブズの実家であり、開発拠点はガレージだった。電話の対応は母が手伝い、部品を基板に乗せる仕事は妹にやらせた。

ヒッピーに代表されるカウンターカルチャー（主流の、体制的な文化に対抗する価値観や様式をもった文化）にどっぷり浸《つ》かったジョブズは、「精神の自由」を求めてドラッグでトリップし、インドを放浪した。

果実食主義（動物と植物を殺す行為に基づく食べものを摂取せず、果実、種のみを食べる）を信奉し、「満月の夜に処女が摘んだ葉っぱしか食べない」と言って母親を困らせた。「果実食主義者には体臭がない」と言い張り、シャワーも週に一度しか浴びなかった。

インド放浪から戻ると、鈴木大拙と並ぶ欧米への禅の伝道者である鈴木俊隆《しゅんりゅう》が開いたサンフランシスコ禅センターに通い始めた。禅への傾倒はのちにアップルの経営者として追求した「ミニマリズム」（製品から余分な機能をそぎ落とし必要最小限にすること）につながっていく。

佐々木は日本人の中でも小柄な方で、髪を七三に分け、度の強いメガネをかけていた。アメリカの風刺漫画で描かれる日本人にそっくりである。サンフランシスコの橋のたもとでジョブズが佐々木に声をかけたのは、創業したばかりのアップルがコンピューターを作る工場をもつための、まとまった金が必要だったからだ。高度成長でにわかに金持ちになった日本企業を利用してやろうという魂胆である。

佐々木がジョブズの話に耳を傾けたのは「電卓の次」を探していたからである。シャープは電卓戦争を勝ち抜くため、奈良県の天理市に社運をかけて巨大なLSI工場を建てた。これが当たって熾烈《しれつ》な競争を勝ち抜いたのだが、電卓需要がピークを過ぎると大きすぎる生産能力が重荷になった。早く次の市場を生み出さないと、せっかくの工場が金食い虫になってしまう。

そんな佐々木が目をつけたのが、このころ米国各地で産声《うぶごえ》をあげたばかりのコンピューター同好会である。バークレー校にはその総本山と言える「ホームブリュー・コンピューター・クラブ」があり、後で知ったことだが、ジョブズとウォズニアックもそのメンバーだった。

　ホームブリューとは「自家醸造」、つまり手作りのことである。当時、コンピューターは国の研究機関や大企業が使うもので、個人が所有できるものではなかった。「アップルI」を開発した時、ウォズニアックは自分の勤め先であるヒューレット・パッカード（HP）に試作機を持ち込んだが、まるで相手にされなかった。しかし電卓戦争のお陰で頭脳となるLSIが小さく、安くなり、新しい物好きの若者たちが、自分のためのコンピューターを自分の手で作り始めた。その中心がホームブリュー・コンピューター・クラブであった。

　最初は車1台分の値段で企業にしか手が届かなかった電卓を「八百屋のおカミさんが使える製品」にした経験を持つ佐々木には「コンピューターもいずれ個人の持ち物になる」という予感があった。

　自分と同じことを考える若者がアメリカにはたくさんいるらしい。同好の士を求めて佐々木はホームブリュー・コンピューター・クラブを訪れた。

　佐々木がバークレー校を訪れたのには、もう一つの理由があった。そこに「面白い日本人がいる」と知り合いに聞いたからだ。

　それを佐々木に教えたのは、のちにアスキーを創業し「パソコンの天才」と呼ばれた西和彦である。当時、早稲田大学理工学部の学生だった西もまたコンピューターに魅入られ、自分が在学している早稲田ではなく、いつでもコンピューターに触《さわ》れる東京電機大学の教授の部屋に入り浸っていた。

神戸にある須磨学園の理事長をしていた西の父親は佐々木の知り合いだった。その縁で、西は物心がついた頃から「お父ちゃんの友達で、どっかの会社の偉い人」という感じで「佐々木のおじさん」を知っていた。

コンピューター三昧《ざんまい》の学生生活を送っていた西は、米国のコンピューター雑誌を愛読しており、米国のパソコン同好会にも知り合いが大勢いた。そして彼らからこんな話を聞いたのだ。

「カリフォルニア大学のバークレー校に最近、変な日本人が編入してきたんですわ。パソコン同好会にも首を突っ込んで、大きな顔をしているらしい」

よくしゃべる西は、「佐々木のおじさん」にその男の話をした。

「確か孫《そん》とか、いう名前ですわ。日本人じゃないかもしれませんね。とにかく顔の広い奴《やつ》だそうです」

何気ない会話だったが、孫という名前が佐々木の心に引っかかった。

「ついでだから、会ってみるか」

米国のＬＳＩ研究所の視察に来た佐々木は、西に教えられた住所を頼りに、バークレーにある孫のアパートまで足を伸ばした。

孫のアパートはバークレー校の門の真ん前にあるタバコ屋の２階だった。コンピューター関連の雑誌や書籍が雑然と積まれた狭い部屋だった。佐々木は挨拶《あいさつ》もそこそこに、ここへ来る途中に出会った大男の話をした。

「妙なルンペンが寄ってきてな、大儲けさせてやると言うんだよ」

佐々木と同じくらい小柄で、髪を肩まで伸ばした孫は、面白そうに佐々木の話を聞いた。

「ここは、そんなやつばかりですけどね」

「で、孫くんと言ったかな。君はここで何をしている」

「コンピューターですよ。ＬＳＩって知ってますか。この前、雑誌でその拡大写真を見たんだけど、僕は涙が出た。こんなものを作る人類はすごいなって。このＬＳＩのおかげで、これからはコンピューターがどんどん安く、小さくなって、それを個人が持つようになる。そしたら革命が起きるんですよ」

「そうか。革命か」

「ええ革命です。情報革命です」

佐々木は自分がLSIビジネスのど真ん中にいることをあえて話さなかった。クリクリとした目を見開いて、唾《つば》を飛ばしながら、まるでそれが明日にでも実現しそうな勢いで、途方もない未来の話をする。この若者の話を黙って聞いていたいと思ったからだ。

二人が話を始めてしばらくすると、もう一人の若者がドアを蹴飛《けと》ばすようにして飛び込んできた。

「おいマサ、TI（米半導体大手のテキサス・インスツルメンツ）が電子翻訳機を出すって聞いたぞ」

「本当か、ルー。じゃあ、俺たちも急がないとな」

ルーと呼ばれた中国系の青年は、佐々木の存在など気にも留めず、興奮しきった様子で孫と話し込み始めた。

「私はこのへんで失礼するよ」

佐々木の声は二人の耳に全く届いていない。佐々木は、やれやれというように首を振り、アパートの階段を降りながら、腹の底から湧《わ》き上がる愉快な気分を抑えきれずにいた。

（今日は面白い男に会う日だ）

のちにソフトバンクを立ち上げ日本を代表する起業家となる孫正義は、佐々木を「大恩人」と呼ぶようになる。iPhone《アイフォーン》やiPad《アイパッド》を世に送り出し、我々の生活を一変させたスティーブ・ジョブズもまた、佐々木を「師」と仰いだ。

子供の頃から佐々木を知っていた西和彦はアスキーを興《おこ》した後にマイクロソフトの副社長にもなり、ジョブズの宿命のライバル、ビル・ゲイツとともにパソコン革命を巻き起こす。

だが、この時点ではまだ誰も、自分の運命を知らない。

20代のジョブズ、孫、ゲイツ、西は、人間よりはるかに速く計算をこなす8ミリ角のチップに魅入られてコンピューターの世界に足を踏み入れた。

起業家たちの名は歴史に刻まれたが、彼らが革命を起こすのに必要なチップを作った男の名は知られていない。

そのチップを世に送り出したのが佐々木正である。佐々木が蒔《ま》いた種は、ジョブズ、孫、ゲイツ、西に受け継がれ、やがてインターネット革命という、とてつもなく大きなうねりとなって世界を飲み込んでゆく。

第一章　台湾というコスモポリス

常在戦場

ギシ、ギシ、ギシ。真夜中に初老の男が足音を忍ばせて階段を上る。男はスーッと障子を開け、手に持った竹刀《しない》を構えた。

ポカリ。

「あいたっ」

一撃された少年は驚いて飛び起きた。男は寝ぼけ眼の少年を布団《ふとん》の上に座らせ、こんこんと説教を始めた。

「常在戦場。いいか正、轡《くつわ》の音で目を覚ますのが武士のたしなみというものだ。そんなふうに眠りこけていると、お前は戦場で死んでしまうぞ」

(父上、ここは戦場でありません。だいたい、父上も私も武士ではないでしょう)

小学生の佐々木正は父親の理不尽さに呆《あき》れたが、口答えをすると説教が長くなるので、黙って聞いていた。

しかし、正は父から受けたこの特訓のおかげで、特殊な能力を身につけた。目を閉じて脳を休めながら、耳だけで話を聞く能力だ。

長じてシャープの役員になった佐々木は、役員会で社長の佐伯旭《さえきあきら》が細かい質問を続けて担当役員をいたぶり始めると、いつも瞳《ひとみ》を閉じることにしていた。恰幅《かっぷく》の良い体型に似合わず、神経質なところがある佐伯は、一度質問を始めると次から次へと心配の種が増え、根掘り葉掘りと問い質《ただ》すのが癖だった。

居眠りを見とがめた佐伯は、抜き打ちで佐々木を指名して意見を求めるのだが、佐々木は議論をちゃんと聞いており、話の流れを踏まえた的確な答えを返す。その度に佐伯は悔しがるのであった。

同じくシャープの役員時代、京都大学総長の岡本道雄が率いる日中科学技術交流協会の訪中団に参加した時も、中国側の学者が喋《しゃべ》っている間、佐々木はずっと目をつぶっていた。中国側の参加者が「この日本人は居眠りをしているな」と思っていると、自分の番になった佐々木はおもむろに目を開け、ちゃんと話をする。

不思議に思った中国の記者が「眠っているのにどうして自分の番がわかるのか」と尋ねると、佐々木は「眠っていても耳だけは起きている」と答えた。感心した記者は翌日「日本から来た猫耳先生」という記事を書いた。眠っているように見えても、ネズミが姿を現わすといきなり飛びかかる猫のようだ、というわけである。

正の父、八二郎は石見《いわみ》浜田藩（現在の島根県浜田市）の藩士である。1915年（大正4年）生まれの正は、八二郎が59歳の時の子供だから、八二郎が生まれたのは、アメリカ総領事のハリスが下田に来航した年、1856年（安政3年）ということになる。八二郎は石見浜田藩、高尾家の八男に生まれ、佐々木家に養子に出た。佐々木家は浜田藩亀山城下で寺子屋を営んでいたという。

幕末の動乱期、浜田藩の藩主は水戸徳川家から養子に入った松平武聰《たけあきら》だった。15代将軍、徳川慶喜《よしのぶ》の実弟である。したがって長州征伐の時には当然のことながら、浜田藩は佐幕派についた。

ところが1866年（慶応2年）の第二次長州征伐で、浜田藩は大村益次郎率いる長州藩の軍勢によって壊滅させられてしまう。長州軍が浜田領に侵入すると松平武聰は城に火を放って杵築《きづき》（現在の島根県出雲《いずも》市）に逃れた。

八二郎は幕府が長州征伐に失敗した後も浜田にとどまったが、長州藩の占領下に置かれた浜田において、賊軍の佐々木家は官職につくこともできず、鬱々《うつうつ》とした日々を過ごした。

元号が明治から大正に変わっても「官軍・賊軍」の区別は色濃く残り、八二郎は長州閥の顔色を窺《うかが》いながら生きていた。そんな八二郎に一念発起を促したのが正の兄で長男の佐々木辰市《しんいち》である。

早稲田大学の理工科で鉱学を学んだ辰市は、鉱物資源が豊富だという台湾に強い興味を持っていた。

「父上、台湾というのは、なかなか暮らしやすいところだそうですよ」

失意の父を見かねた辰市は、日清《にっしん》戦争に勝った日本が１８９５年（明治28年）に清朝から手に入れた初めての植民地、台湾への入植を勧めた。

浜田ではどんなに努力を重ねても栄達は望めない。幼い正に、自分と同じ人生を歩ませたくないと考えた八二郎は、１９１５年、妻と生まれたばかりの正を連れて漁船で台湾に渡った。夜陰に紛れての逃避行だった。

フロンティア・台湾へ

その頃、日本人にとって台湾は「フロンティア」だった。

日清戦争に勝利した日本は、下関条約によってこの島を領有することになった。その後、日本は第二次世界大戦が終わる１９４５年までの50年間、台湾を統治することになる。日本にとってこれが異民族を統治する最初の経験だった。日本はおっかなびっくりで初めての植民地経営に乗り出した。

はじめの数年、日本政府は「蕃人《ばんじん》」と呼んだ先住民を力でねじ伏せようと、強硬な統治政策を推し進めた。しかしこうした政策は先住民の反発を呼び、武力衝突を繰り返す結果になる。

1898年（明治31年）、児玉源太郎総督の民政長官として台湾に赴任した後藤新平（後に満鉄初代総裁、逓信《ていしん》大臣、外務大臣、東京放送局＝NHKの前身の初代総裁）は、性急な同化政策をやめさせた。

「社会の習慣や制度は生物と同じで、相応の理由と必要性から発生したものだ。現地を知悉《ちしつ》し、状況に合わせた施政を行っていかなくてはならない」

「ヒラメの目をタイの目にすることはできないだろう」

台湾の民政長官に抜擢《ばってき》されるまで医者だった後藤は「生物学の原則」に則《のっと》った植民地経営を目指した。後藤の政策は特別統治主義と呼ばれ、台湾総督には内地法とは異なる立法を行う特別立法権が与えられた。

経済改革とインフラ建設を重要視する後藤の手によって、首都台北の市街地は拡張され、道路が整備され、橋が架けられた。

各地に学校や病院が建ち、蔓延《まんえん》していた阿片《あへん》も阿片漸禁策《ぜんきんさく》によって撲滅に向かった。製糖所や製材工場やセメント工場といった産業の基盤も整備された。

衣類の防虫に使う台湾産の樟脳《しょうのう》は、日本向けの重要な輸出産品になり、台湾産の大豆が大量に日本に出荷されたことで、内地における豆腐の生産量が大幅に増えた。

日本の植民地経営が台湾の近代化に寄与したのは事実である。

一方で「日本は台湾の農作物や鉱物資源や労働力を搾取《さくしゅ》した」という見方もある。日本人への同化を求めた第二次世界大戦期の皇民化運動も、現地の人々には屈辱として記憶された。

もっとも日本統治「以前」の清朝時代や、「以後」の国民党時代に比べると日本統治の時代は、台湾の人々にとって「比較的マシな時代」だったとも言える。政治が安定し生活が豊かになっていく実感があったからだ。

任務として赴任した役人や軍人と違い、自らの意思で台湾に入植した一般の日本人は、一体どんな人々だったのか。ゴールドラッシュで西海岸を目指したアメリカの開拓者と同様、リスクを冒して未開の地に赴く彼らの多くには、相応の事情があった。「一攫千金《いっかくせんきん》」か「捲土重来《けんどちょうらい》」。

いずれにせよ、台湾に渡った人々は、人生のやり直しを望んでいた。そして、夢を追いかけて台湾に渡った日本人は、台湾の人々と折り合いをつけ、何とかうまくやっていた。正の父、佐々木八二郎もそんな日本人の一人だった。

辜振甫《こしんぽ》、李登輝との交流

煉瓦《れんが》造りの台湾総督府の塔が台北の青い空をついて、日に日に伸びていく。それが物心ついた正が覚えている最初の風景である。

1912年（明治45年）に着工した台湾総督府の庁舎が完成したのは1919年（大正8年）、正が4歳の時だった。幼い正は軍司令部の厩舎《きゅうしゃ》に忍び込み、柱をよじ登っては、そこから馬の背中に飛び乗った。振り落とされないように用心深く気性の良い馬を選んだ。

「坊主《ぼうず》、上手《うま》くなったな」

軍人たちは時々、姿を見せるやんちゃ坊主を可愛《かわい》がった。

この頃にはすでに台北など主要な都市に水道が敷設《ふせつ》され、高雄《たかお》と基隆《キールン》を結ぶ縦貫鉄道も開通していた。台湾育ちと言っても、正は「都会っ子」である。

台北に腰を据えた八二郎は、台湾総督府からほど近い台北の目抜き通りに「石浜堂」という屋号の呉服店を構えた。石は石見の石、浜は浜田の浜。石見浜田藩への愛着が込められている。浜田にいた頃から付き合いのあった京都・四条大宮の大店《おおだな》、丸山呉服店から反物《たんもの》を定期的に仕入れた。

八二郎は着物を売るだけでなく、紋付けもやった。染抜きやクリーニングの技も身につけた。現地で「ペタコ」と呼ばれる鳥の糞《ふん》を使うと紋が綺麗《きれい》になることを発見した。

「あの店に頼むと紋付が綺麗になる」

たちまち評判を呼び、店は繁盛《はんじょう》した。本人は死ぬまで武士のつもりだったが、八二郎には商才があった。

商売は軌道に乗ったが八二郎は正に後を継がせるつもりはなく、あくまで「武士の子」として育てた。幼い正に『論語』を素読させ、竹刀を振らせ、習字を教えた。

習字の練習はわざと往来に面した軒下でやらせた。小さな子供が道端で字を書いていれば、通行人がのぞき込む。それを気にして正が手を止めると八二郎は「集中が足りない」と怒った。

「正、父は訳あって商いをしているが、お前は紛れもなく武士の子だ。武士の誇りを失ってはいかん」

武士道をこよなく愛した八二郎は長幼の序を重んじ、儀礼を重んじる儒教精神を正に植え付けた。

一方で正は、台湾特有のコスモポリタンな空気にも触れていた。言葉や風俗習慣が違う人々がごった混ぜになって、新しい国を作っていく。正はそこが「にっぽん」だと思っていたが、大多数の台湾人に囲まれた少数の日本人が統治する台湾は、内地とは全く異なる環境だった。

正が通ったのは樺山尋常小学校。ここでは日本人と台湾人の子供が机を並べた。

2学年下に辜振甫という、いたずらな少年がいた。台湾の五大家族（財閥）と呼ばれる名家の出身で、後に台湾財界の重鎮となり、対中交渉の窓口となる男である。辜は正のことを兄のように慕い、正が京都大学に進んだ後も、よく内地を訪ねてきた。

「佐々木さん、いちいち船に乗ってここまで来るのは面倒だ。日本と台湾の間にトンネルを掘って、地下鉄を走らせましょう」

豪快なことを言う男だった。

「あんな奴《やつ》より俺の方がキンタマはでかい」

第二次世界大戦後の1949年、中国共産党に敗れた国民党の蔣介石が台湾に中華民国を打ち立てると、辜はそう息巻いた。

だが、したたかな辜は仕事となると蔣介石の国民党政府に協力し、その見返りとして台湾セメントなどの事業を譲り受けた。三菱財閥の創始者、岩崎弥太郎を思わせる政商ぶりである。

辜を総統府資政（顧問）として重用したのが台湾初の民選総統である李登輝だった。辜より六つ、正より八つ年下の李は樺山尋常小学校の同窓である。

正は李とも戦後ずっと交流を続けた。

李が台湾総統を退いた時、正はねぎらいを兼ねて台北を訪れた。本省人がいる間は厳しい顔で北京官話《マンダリン》を話していた李登輝だったが、正と二人きりになると懐《なつ》かしそうに日本語で話しかけてきた。

「佐々木さん、今夜は私の家でお食事を」

李登輝は自宅に正を招き、妻の手料理でもてなした。食事の間、会話はずっと日本語だった。台湾総統になってから、李が公の場で日本語を使うことはなかった。しかし、懐かしい正と昔話をする時は、やっぱり日本語がしっくり来るようだった。

ストライキを打つ生徒会長

樺山尋常小学校を卒業した正は地元の名門、台北第一中学に進む。文学少年で夏目漱石や森鷗外の全集を読み耽《ふけ》っていた正は、正岡子規の短歌や俳句に心酔していた。

「九つの人九つの場をしめてベースボールの始まらんとす」

子規は熱狂的な野球の愛好家で病を患《わずら》うまでは自らもプレーを楽しんでいた。バッターを「打者」、ランナーを「走者」、フォアボールを「四球」と翻訳したのは子規である。子規の短歌に触れるうちに自分も野球をやりたくなり、正は野球部に入った。体を動かすのが大好きな正は、たちまち野球の虜《とりこ》になり、赤茶けたグラウンドで一心不乱に白球を追った。

体の小さい正はレギュラーにこそなれなかったが、スローボールを駆使した頭脳的なピッチングに定評があり、速球派エースの後に登場する控え投手に納まった。

台北一中は嘉義《かぎ》農林と並ぶ野球の強豪校だった。

正が2年生だった1929年、台北一中は台湾大会で優勝し、第15回全国中等学校優勝野球大会（現在の、夏の甲子園）に出場した。6年ぶり2度目の大会だった。

1回戦、前橋商を10対1で下して波に乗った台北一中は、2回戦の佐賀中も4対0で破り、準々決勝で平安中と対戦する。

下馬評は平安中の圧勝だったが、台北一中には強い味方がいた。コーチの小川正太郎である。小川は和歌山中学のエースとして甲子園を沸かせ、早稲田大学ではライバル慶応大学のエース宮武三郎とともに「大学野球の華」と言われた大投手である。

「いいか、相手打者のくせは俺が調べてやる。打者ごとに苦手なコースを書くから、お前はその通りに投げればいい」

小川にアドバイスをもらった台北一中のエースは、アンダーシャツの袖下《そでした》に小川が授けたメモを忍ばせ、それを見るため投球前にいちいち手首を見た。その動作が平安の強打者を苛立《いらだ》たせる。エースは素知らぬ顔でメモ通りに投げ分け相手の打ち気をそらせた。台北一中は優勝候補の平安中を5対4の接戦で破り、ベスト4に名乗りを上げた。

この試合で、正に出番はなかったが、台湾の野球少年たちは内地の強豪をギャフンと言わせ、大いに面目を保った。

平安中戦で力を出し切った台北一中は、準決勝で海草中に9対4とリードされたところで降雨コールドゲームとなり、決勝には進めなかった。

この15回大会には満州代表の青島中、朝鮮代表の平壌中も出場している。植民地代表が本土の大会に出場して覇を競う様は、カナダ、オーストラリア、インド、南アフリカなど英連邦に属する国や地域が4年に一度開くコモンウェルスゲームズを彷彿《ほうふつ》とさせる。欧米列強を追いかけながら、日本が独自のグローバリゼーションを発展させていった時代である。

2年後、17回大会で準優勝したのが嘉義農林である。日本人選手と台湾人選手が団結して快挙を成し遂げる物語は映画化され、『ＫＡＮＯ　１９３１海の向こうの甲子園』として2014年に公開された。

台北一中4年生の時、正は日本放送協会主催の英語弁論大会で優勝した。正は簡単な福建語も喋《しゃべ》れたので、トリリンガルである。台湾育ちゆえ、自然に身についた。ちなみに英語弁論大会で準優勝したのが高校で同級生になる吉岡英一。高校時代、正のライバルだった吉岡は東京大学に進み、大蔵省に入省。後に国税庁長官、日本開発銀行総裁になる。

当時、中学は5年制だったが、特待生の正は4年で台北高等学校に進んだ。成績の良かった正は中学、高校と授業料を免除され、両親を喜ばせた。

台北高校に進む時、文学青年の正は文系を志望していた。しかし八二郎は言った。

「物事の理を知るのは理系の学問。文学は理を知った後でも遅くない」

正も「それは、そうかもしれない」と考え、理系に進んだ。

当時、高等学校の理系は理甲（英語）、理乙（ドイツ語）、理丙（フランス語）に分かれており、正が選んだのは理乙だった。理乙は医者志望が多く、工学系の正は珍しい存在だったが、この専攻で正は英語、福建語に続きドイツ語もマスターすることになる。

野球と勉強だけではない。正は台北高校で青春も謳歌《おうか》した。

教育実習で女学校に行く時には、目一杯のおしゃれをして、台湾人の女子学生を喫茶店に誘った。それが教員に見つかり「女学生の前で綺麗な格好をするな」と怒られた。

「校長先生だって、いい服を着て奥さんと街を歩くじゃないですか。なんで僕らが女性と歩いたらいかんのですか」

生徒会長だった正は、台北高校の全校生徒を率いてストライキを打った。しばらく生徒と教師のにらみ合いが続いたが、やがて教師側が折れ、服装に関する校則が変わった。校長は騒動の責任を取って辞職に追い込まれた。

普段は大人しいが、「理屈に合わない」と思った時には、徹底的に抵抗する。曲がった事が大嫌いな性格は、大人になっても変わらなかった。

異質なものを「接《つ》ぐ」

高校三年の夏、正は台北帝国大学で植物の研究をしている教授のところへ実習に行き、ある研究テーマを与えられた。「接ぎ木」だった。

熱帯で育った木同士、あるいは北方で育った木同士は容易に接ぐことができる。しかし熱帯で育った木と北方で育った木は容易にはつながらない。

「熱帯の木と北方の木を接ぐ方法を考えてみろ」と教授は正に課題を出した。

正は早速、日本からリンゴの苗を千本ほど取り寄せ、台湾南部の中心都市、嘉義市で調達したマンゴーの苗に接ぎ木してみた。

なるほどリンゴに接ぎ木したマンゴーはすぐに枯れてしまう。原因を調べると、樹液が流れる管の太さがまるで違うことがわかった。熱帯で早く成長するマンゴーの管は太く、寒さに耐えてゆっくり成長するリンゴの管は細い。これでは根から吸い上げた水や養分が枝葉に行き渡らない。二つの異なる太さの管をどう接ぐか。正は管の細いリンゴの枝を斜めに切って表面積を増やした。得意の数学で二つの管がぴったり合うように計算した。すると熱帯のマンゴーと北方のリンゴが見事に繋《つな》がり、リンゴのような形のマンゴー「リンゴマンゴー」の実を結んだ。

「そうか、異質なものでも工夫をすれば接ぐことができる。違うものを接げば、そこから新たな価値が生まれるのか」

これが、のちに正の技術者としての信念となる「共創」へとつながっていく。

日本の旧弊を逃れて台湾というフロンティアを目指した日本人は、誰もが皆、開拓精神にあふれていた。彼らは清朝が「化外《けがい》の民（文明の感化を受けない野蛮な民族）」と呼んだ台湾の人々と融和し、手に手をとって台湾の近代化を推し進めた。

日清戦争、日露戦争で辛くも勝利した日本は、押し寄せる米欧列強に対抗し「アジアを撫育《ぶいく》するのだ」という責任感を持っていた。台湾人の目には、それこそが「占領」と映ったかもしれないが、台湾に渡った日本人の多くは、ノブレス・オブリージュ（位の高い者の責任感）を抱いていた。

「肌の色や言葉が違っても、人間はリンゴとマンゴーのように、わかり合える」

台湾というコスモポリスで育った正は、人種や民族や国境の壁にとらわれない感覚を身につけた。正自身も明治・大正という時代が生んだ「リンゴマンゴー」だった。

台北高校で成績優秀な生徒の多くは、東京大学に進学した。正のライバルだった吉岡英一も東大を志望しており、「俺も」と正は考えていた。「どうせ行くのなら一番の大学に」という単純な動機だった。

しかし父の八二郎は正に「京都に行け」と命じた。

京都には、八二郎が仕事の上で最も信頼する仕入れ先であり、正の名付け親でもある京都の大店、丸山呉服店の店主、武倉平八郎がいた。中学、高校で破天荒なことばかりする正を一人で内地にやるのが心配だった八二郎は、平八郎にお目付役を頼もうと考えたのだ。

「京大は東大に入れない者が行くところ」と考えていた正は抵抗したが、八二郎は「とにかく一度、京都を見てこい」と正を平八郎の元に送った。実際に京都の街並みを見た正は、古都の趣にころっと参ってしまい「京都に行かせてください」と願い出た。

0歳で父母に連れられて海を渡ってから18年間、正は人生で最も多感な時期を台湾で過ごした。そこは目の前で新しい国づくりが進むフロンティアであり、台湾人と日本人が共存するコスモポリスだった。家庭環境に恵まれ学業優秀だった正は、台湾の自由な空気の中で大らかに育った。

「人は民族や宗教の壁を超えて、必ずわかり合える。そして異質なものが融合すれば、そこに必ず新たな価値が生まれる」

正の中には、その後の技術者人生の指針となる「共創」の観念がしっかりと形成されていた。

1934年、正は台湾を離れた。自分が育った台湾が、やがて日本の領土でなくなることなど、この時、正は夢想だにしていない。

だが時代の歯車は戦争に向かって容赦なく加速していく。この年の3月、満州国の皇帝に日本の傀儡《かいらい》の溥儀《ふぎ》が即位し、8月にはドイツでヒトラーが総統になった。

正もまた、時代の激流に巻き込まれていく。

第二章　「殺人電波」を開発せよ

天邪鬼《あまのじゃく》、「弱電」を選ぶ

１９３５年、20歳になった佐々木は、京都で下宿生活を始めた。

「これが日本の本土か」

見るもの聞くものすべてが新鮮だった。大学からの帰り道で出会う舞妓《まいこ》を物珍しそうに眺め、聞いたこともない京ことばに興味をそそられた。わからない言い回しに出会うと、文学部の教授のところへ飛んで行って、教えを乞《こ》うた。

「工学部の学生が一体どうした」

文学部の教授は驚いたが、やがて佐々木の質問を面白がるようになり、豊富な古典の知識を使って、ことばの由来を教えてくれた。

「なるほど、そういうことでしたか。京ことばは面白いですね」

素直に頭を下げれば、たいていの人は教えてくれる。人間とは自分の知っていることを教えたい生き物であり、教え合い学び合いながら進歩していくものである。

（わからなければ聞けばいい）

佐々木には、無知を恥じるところがない。この大らかさが、知識を吸収していく時の武器になった。

縦割りで専門性を追求する東大に比べ、京大には学際的なアカデミズムの雰囲気があり、何にでも首を突っ込みたがる佐々木の知識欲を満足させた。

下宿していた四条大宮の通りに大きな窯元《かまもと》が店を出していた。店の奥では主人が大きな窯で焼物を焼いていた。大学の行き帰り、時間があると佐々木はその店に顔を出し、手際《てぎわ》の良い主人の作業を面白そうに眺めた。

店には一生懸命、父親の手伝いをする中学生の息子がいた。村田昭《あきら》。やがてこの少年は家業を継ぎ、精密特殊陶器を手がける村田製作所を創業する。のちに佐々木は取引先として村田製作所の飛躍に一役買うことになるのだが、この頃の佐々木と村田は、そんなことを知る由《よし》もなかった。

父、八二郎の勧めに従って電気工学を選んだ正だが、その中で専門にしたのは当時の工学部の主流だった「強電」ではなく、「弱電」だった。

電流を研究する「強電」は発電所や送電線といった電力産業に直結する技術であり、卒業生の多くは電力会社に就職した。当時の日本では、全国規模の電力インフラ整備が喫緊の課題であり、学生たちの多くは給料もよく経営が安定した電力会社を目指した。

一方の「弱電」は電子の動きを研究する。通信や無線に使われる技術だが、当時はインターネットやITはおろか、エレクトロニクス産業すらまともに確立されていなかった。最大手の松下電器産業（現パナソニック）でも、主力製品がラジオ、ランプ、配線器具で従業員数は３５００人。電力会社に比べれば、ベンチャーに毛が生えた程度の存在だった。

それでも佐々木は「弱電」を選んだ。

「皆が電流をやるのなら、自分は電子をやる」

電池のプラスとマイナスを繋《つな》ぐと電流はプラスからマイナスに向かって流れるが、電子は反対方向に動く。天邪鬼なところがある佐々木の性に合っていた。

少し勉強を進めると、電子は光とよく似た性質を持っていることがわかった。光はレンズを通ると屈折するが、電子も電磁場を通ると屈折する。この技術を極めれば、何か面白いことができるかもしれない。

何より電子は目に見えない。強電が扱う発電機や送電線といったハードは目に見えるが、見えない電子は頭の中の論理《ロジック》で考えるしかない。つまりソフトウエアの世界である。それが佐々木には面白かった。

京大にも弱電を専門にする教授は少なかった。その中で佐々木は加藤信義《のぶよし》の研究室を選んだ。加藤は、弱電分野の先端である真空管を使った電気計測器の研究をしていた。この選択が佐々木に幸運を呼んだ。

加藤は助教授時代、電子工学で世界の先端を走っていたドイツのドレスデン工科大学に留学していた。

「電子を本気で学びたいなら一度、ドイツに行ったほうがいい。その気があるなら、推薦文を書いてあげるよ」

勉強熱心な佐々木を見込んだ加藤は、そう言って留学を勧めた。高校時代にドイツ語を学んでいた佐々木は、思い切って留学することにした。

本場・ドイツへの留学

大学3年の秋、佐々木は生まれて初めて欧州の地を踏んだ。留学先はポーランドと国境を接したザクセン州にあるドレスデン工科大学。そこで佐々木を待っていたのは、真空管の世界的な権威、ハインリッヒ・バルクハウゼン教授だった。

白いひげをたくわえたバルクハウゼンはすでに還暦に近く、斯界《しかい》の大御所だった。

真空管で発生させる極超短波のことをバルクハウゼン・クルツ振動（ＢＫ振動）と呼ぶ。ＢＫ振動は地下の鉱脈を探す探鉱や、魚群探知に使われている。バルクハウゼンはその技術の生みの親である。

留学期間はわずか１ヶ月だったが、柔和なバルクハウゼンは、東洋の島国から来た若い研究者に、最先端の電子理論を丁寧に手ほどきしてくれた。

（そうか。真理を探究するのに国籍や年齢は関係ない。わからなければ聞けばいい。聞かれたら教えればいい。科学とはそういうものだ）

佐々木はバルクハウゼンの懐《ふところ》に飛び込み、１ヶ月の間にスポンジのように新たな知識を吸収した。そしてバルクハウゼンとのやり取りの中から、科学に対しても哲学的なアプローチをするドイツ人の思考方法を学んだ。

留学から帰国した佐々木が卒業論文のテーマに選んだのは「電子幾何光学」だった。

「電子が光と同じように屈折するのであれば、レンズで光を集めて小さなものを拡大する光学顕微鏡と同じように、電子を集めてもっと細かいものを見ることができるはずだ」

そう考えた佐々木は「電子でものを見る」ことの可能性を探った。のちに電子顕微鏡へとつながっていく理論である。

科学の奥深さ、電子の面白さに取り憑《つ》かれた佐々木は、卒業後もそのまま学究の道を歩むつもりだった。

「お前は学者になれ」

佐々木が台湾を離れる時から、父の八二郎も佐々木にそう言っていた。息子が帝大の教授になることは、幕末から賊軍の汚名を着せられてきた佐々木家の名誉回復にもなる。

担当教授の加藤も「いずれ自分の後継に」と佐々木の力量を認めていた。

当時は大学で教職に就く前に外部で働く習わしがあったため、佐々木は卒業と同時に2年ほど逓信省《ていしんしょう》で働くことになった。その後、京大に戻って助教授になることが既定路線になっていた。しかし佐々木は、予定より数ヶ月早く、逓信省に行くことになった。

電話機のスタンダードを作った京大生

「どうせ来年の春に来るのなら、少し早く来て手伝え」

技術者が足りない逓信省に呼び出され、卒業を控えた大学4年の時に上京し、東京・五反田の逓信省電気試験所で働き始める。

佐々木は電話の開発を担当する第二部に回された。当時の電話は性能の低い真空管のせいで音質が悪く、遠距離通話では相手の声が聞き取れないほどだった。佐々木は性能の低い真空管をだましだまし使いながら、改良型の3号型電話機を開発する。この電話は、終戦まで日本のスタンダードになった。

五反田の電気試験所は敷地の真ん中にテニスコートがあり、これを挟んで佐々木が働く第二部の向かいには無線技術を担当する第四部があった。第二部の建物は木造で第四部は鉄筋。軍の作戦行動に不可欠な無線を担当する第四部の方が優遇されていた。第四部を率いる部長の楠瀬《くすのせ》雄次郎は、なぜか佐々木のことを可愛《かわい》がり、時々、第四部の仕事を手伝わせた。無線に興味のあった佐々木はテニスコートを横切り、嬉々《きき》として向かいの鉄筋棟に通った。

1938年の春、佐々木は京大を卒業した。そのまま逓信省で2年間働いてから、母校で教鞭《きょうべん》を執るはずだった。

だがこの年、戦争の足音が近づく中で国家総動員法が公布され、軍は物資や人を自由に統制できる権限を得た。

軍は無線の専門家である逓信省の楠瀬を引き抜き、神戸にある川西機械製作所という会社の中央研究所長に据えた。軍が必要とする通信用の高性能真空管を作らせるためだった。

「お前も一緒に来い」

自分一人では開発できないと考えた楠瀬は、逓信省で目をかけていた佐々木を指名した。軍もこれを了承した。軍の意向はすなわち命令であり、個人が抗《あらが》えるものではない。逓信省への就職は取り消され、佐々木は川西機械製作所に送り込まれた。

川西機械製作所は、1896年（明治29年）に神戸で川西清兵衛《せいべえ》が興《おこ》した毛織物メーカー、日本毛織の子会社である。国内随一の生産量を誇った日本毛織が使う織機を作るために誕生したのが川西機械製作所だ。その技術力に目をつけた日本軍は、航空機の無線などで使う最新鋭の真空管を同社に製造させようとしていた。

川西機械製作所の2代目社長、川西龍三《りょうぞう》は政商と呼んでも差し支えないほどの野心家で、戦時下にあって、自ら進んで軍との関係を深めた。川西機械製作所が海軍から戦闘機の生産を請け負い、名機「紫電改《しでんかい》」を作ったのも龍三が社長の時である。龍三の時代、川西グループは新興財閥と言っていいほどの隆盛を誇った。

川西機械製作所に入社した佐々木の最初の仕事は、真空管工場を建設することだった。航空機が戦争の主役になった時、その目となり耳となる無線は作戦の生命線になった。無線やレーダーの質を高めるには高性能の真空管が大量に必要だった。

大学を出たばかりの佐々木は、いきなり真空管工場の設計を任された。真空管の設計ならともかく、工場の設計まで新卒の技術者に任せなければならなかったのだから、技術者がいかに不足していたかがわかる。使えるものは学生でも使え、という窮状だったのだ。

佐々木は、軍にせかされるまま、やったこともない工場の設計図を決められた期間で書き終えた。だが、いざ着工という段になると、セメントが調達できない。

佐々木は物資を一元管理している統制団体に出向き「セメントを回してくれ」と訴えたが、砲台やトーチカを建設することが優先され、工場向けのセメントは後回しにされた。

何度頼んでも統制団体は「無理だ」の一点張り。「どのくらい待てば良いのか」と尋ねると、担当の中佐は「1年くらい待て」と言う。

(至急、工場を建てろと言うから急いで設計図を書いたのに……)

佐々木は軍の迷走ぶりに呆《あき》れたが、建設資材がなければ着工するわけにもいかない。

入社早々、社内で〝失業〟してしまった。

佐々木の扱いに困ったのは経営陣も同じだった。新入社員とはいえ、幹部候補で高給取りの佐々木を、1年もぶらぶらさせておくわけにはいかない。

「コンクリートが来るまで、とりあえず織物の販売でも手伝ってくれ」と苦し紛れの辞令を出した。

（技術者の俺に反物を売れというのか）

父親の商売を見て育った佐々木ではあるが、自分でものを売った経験はない。技術者としてのプライドも傷ついた。しかし、今のままでは工場用地の草むしりくらいしか仕事はない。「無駄飯食い」と陰口を叩《たた》かれるのも嫌だった。

「どうせなら他人の行かないところに行ってやる」

佐々木は海外営業を志願した。

どうすればアフリカで反物が売れるか

1938年の秋、佐々木はイギリス経由でインドに渡った。英領で英語が通じそうなことと、女性がサリーを着ているので「きっと反物がたくさん売れるだろう」と思ったのが理由だった。インドは世界に名高い綿の産地なので、あわよくば川西機械製作所の織機が売れるかもしれない、という欲もあった。

長い船旅の末、インドにたどり着いた頃には季節は冬。それでも気温は摂氏30度を下らない。佐々木は汗だくになりながら足を棒にして売り歩いたが、世界最大級の綿花の生産地であるインドで日本の反物を売るというのは、いささか虫が良すぎた。

「ここはダメだ」

見切りをつけた佐々木はアフリカに足を延ばすことにした。今のように通信手段があるわけではないので、一度、海外に出たら糸の切れた凧《たこ》である。思い立ったが吉日。会社の許可も得ないまま、佐々木はアフリカ行きを決めた。

アフリカ行きの船を待つ間に、佐々木は一計を案じた。日本から皇族が十二単《じゅうにひとえ》を着ている写真と、西洋人の女性がウェディングドレスを着ている写真を取り寄せたのだ。

マダガスカル島を経由してスワジランドに到着した佐々木は、現地で自転車を買い、通訳兼ガイドを雇った。スワジランドは英連邦の一つだが、庶民にも売るためにはスワジ語の通訳がいる。

街ゆく人々のほとんどが裸だ。服を着る習慣がないらしい。北極で冷蔵庫を売るような話だが、そこは考えようである。習慣さえ変えてしまえば、広大な手つかずの市場が広がっていることになる。

自転車に、十二単とウェディングドレスの写真をぶら下げて歩いていると、現地の人々が珍しそうについてくる。佐々木は「しめた」とばかりに講釈を始めた。

「さあさ、お立会い。日本のエンペラーの妃《きさき》は十二単と言って12枚も布を身につけておる。英国の貴族のドレスはこれ、この通り。文明国では寒いから服を着るのではない。位の高い者ほど、多くの布を身につけるのだ。身につけている布の目方が多いほど偉い、というわけだ」

通訳がスワジ語に訳すと、皆ふむふむと頷《うなず》く。純朴な人々だった。一人の女性客が見本の反物に手を伸ばし、肩からかけた。縫製も何もしていない。肩からかけた布をウエストのところで縛っただけだが、それが何だか様《さま》になった。

「あら、何だか涼しいわ」

「着た方が涼しいなんて変だぞ」

「いいえ、やっぱり着た方が涼しいわよ」

直射日光に肌をさらしてきた人々は、衣類の断熱効果に驚いたらしい。

「俺にも着させてくれ」

「次は俺だ」

布を体に巻きつけるだけのこの着方は、その後、アフリカの複数の地域で民族衣装になっていく。

佐々木はヒッチハイクで自転車ごと車に積んでもらい、1ヶ月ほどかけてアフリカ各地で反物を売り歩いた。注文を取ると神戸の本社に発注し、後で反物が届くように手配した。

佐々木が日本に戻ったのは１９３９年の春。その頃にはなんとかセメントも手に入り、兵庫県明石郡大久保で、真空管工場の建設が始まった。

設計者である佐々木は、建築現場の監督も任された。土木作業員は荒くれが多く、ちょっとしたことで流血騒ぎが起こる。家に上がり込んできた作業員に、目の前で畳に包丁を突き立てられたこともある。佐々木は身の危険を感じながらも、腹を割って関係者と酒を酌《く》み交わし「お手打ち」の仲介役を務めた。それまで研究一筋で生きてきた佐々木にとって実社会を学ぶ、またとない機会になった。

川西機械製作所の真空管工場は太平洋戦争開戦の前年、１９４０年に完成し、開戦と同時に量産を開始した。米軍に爆撃されて生産が止まるといけないので、明石以外に豊岡と松江にも分工場を建てた。

開戦当初こそ日本軍は破竹の勢いで勝ち続けたが、１９４２年のミッドウェー海戦に敗れた後は戦局は暗転。要衝となる太平洋の島々が次々に陥落していった。

その頃、軍から佐々木に新たな命令が下った。

「ドイツへ行け」

佐々木に与えられたミッションは、ドイツの最新のレーダー技術を日本に持ち帰ることだった。

ウルツブルグ・レーダー

米軍の爆撃機は敵のレーダーを攪乱《かくらん》するため、空中に金属箔《きんぞくはく》を撒《ま》き散らしながら飛行した。日本のレーダーは、機体と金属箔の見分けがつかず、画面が真っ白になってしまう。照準が定まらない日本軍の高射砲は、頭上を飛ぶ米軍の爆撃機を捉《とら》えることができなかった。

だがドイツ軍の高射砲は同じように金属箔を撒き散らす英国軍の戦闘機を正確に撃ち落としていた。ドイツが開発した射撃制御レーダー「ウルツブルグ・レーダー」の威力だった。ウルツブルグ・レーダーは速度の遅い金属箔と高速で移動している機体を見分ける能力があった。南方の制空権を失って米軍機の爆撃に悩まされる日本軍にとっては、喉《のど》から手が出るほど欲しい技術だった。

戦局は日を追って悪化しており、太平洋の拠点を陥《おとしい》れた米軍は、明日にも日本本土に本格的な空襲を始めるだろう。レーダーが機能しなければ、軍需工場や大都市が空爆にさらされることになる。事態は一刻を争った。

ドイツに佐々木より一足早く到着した日本人がいる。フランス駐在の海軍技官、鈴木親太である。しかし鈴木が乗った伊号第30潜水艦はシンガポール沖で敵艦に撃沈され、設計図は海の藻屑《もくず》となった。鈴木も消息を絶った。

佐々木は単身シベリアに渡り、ソ連南東部のウラジオストクからシベリア鉄道に乗ってドイツを目指した。2週間近く列車に揺られ、ようやく目的地にたどり着いた。

佐々木はドイツ海軍レーダー学校に通い、即席でウルツブルグ・レーダーの原理を学んだ。ドイツが極秘の軍事技術を教えたのは、日本が同盟国だったからだが、技術者たちの態度は冷たかった。

「なんだ、シラミなど猿でも取るのに、日本人は猿より劣るのか」

ウルツブルグ・レーダーは対象物の動きを数学的に解析し、高速で動く機体とゆっくり漂う金属箔を見分けていた。レーダーの画面を動く飛行機は、なるほど毛の中でもぞもぞと動くシラミのようで、ドイツ人たちはこの技術を「ウルツブルグ・ラウス(シラミ)」と呼んでいた。彼らは毛の中のシラミを見つける技術を持たない日本を、「猿より劣る」と笑ったのだ。

侮辱された佐々木と鈴木はぐっと唇を嚙《か》み締めた。だが日本を守るためには、教わらなければならない。米軍の激しい爆撃にさらされている前線の日本兵や、本土に住む同胞を守るために、何としてもウルツブルグ・レーダーの原理を理解し、設計図を持ち帰らねば。

「鈴木さん、ここは我慢しましょう」

「そうだな。1日も早く日本にウルツブルグ・レーダーを持ち帰らねばならんからな」

二人は屈辱に耐えて、学びつづけた。えり抜きの技術者である佐々木と鈴木は、数週間でウルツブルグ・レーダーの原理を理解した。

原理を理解した二人は、すぐ帰路についた。設計図の原本を持ったのは軍人の鈴木。ドイツが占領していたフランスのロリアン港に戻り、日本から迎えに来ていた伊号第30潜水艦に乗り込んだ。

民間人の佐々木は設計図のコピーを持たされた。行きと同じくシベリア鉄道で帰国するつもりだったが、ソ連が連合国側について参戦する可能性が取りざたされていたので、陸路は危険と判断した。協議の結果、佐々木はドイツの潜水艦「Uボート」で日本を目指すことになった。

Uボートは二度の世界大戦でドイツ軍が使った潜水艦の総称である。神出鬼没で敵国の艦隊や商船を襲い、相手を震え上がらせた。しかし第二次世界大戦末期には連合国側の水中探査技術が飛躍的に向上したため、Uボートは狙《ねら》い撃ちにされた。

イギリス首相のチャーチルは「狩られるのは商船ではなくUボートになった」と喜び、最終的には3万人のドイツ兵がUボートで命を失ったとされている。

ドイツが佐々木を送るために用意したUボートは小さな船で、操縦士と技師が椅子《いす》に座ると、他に座る場所もなく、潜航中、佐々木はパイプやバルブがむき出しの艦底で身を横たえた。

航続距離は、浮上時で500キロメートル、潜行時で120キロメートルしかない。このため普段は浮上して航海し、敵機や敵艦を見つけると慌《あわ》てて潜る。給油のため、あちらこちらの港に寄りながらの、長い旅だった。

出港から1ヶ月近くが経《た》ったある日、船を海上に浮上させると操縦士と技師は甲板に上がって洗濯を始めた。お前も出てみろ、と促された佐々木が甲板に上がると、降り注ぐ太陽の光の向こう側に、切り立った岩山が見えた。その岩と岩の間を猿が飛び跳ねていく。

「おおっ、ここはマダガスカル島か」

佐々木は懐《なつ》かしさのあまり、涙を流した。

4年前、アフリカに反物を売りに行った時に通った場所である。あの時も、猿が飛んでいた。目をこらすと、ジャングルの中をのっそりのっそりと歩く象の姿も見えた。

4年前は大した感慨もなかったが、敵の目を逃れながら命がけの航海を続ける身になって見ると、長閑《のどか》な風景が何とも愛《いと》おしい。だが感慨に浸っている時間はなかった。

「潜るぞ！」

突然、操縦士が大声で叫んだ。島の向こうに豆粒のような敵機の姿があった。ハッチを閉めた潜水艦は逃げるように再び海中に潜った。

出港から2ヶ月、佐々木を乗せたUボートはようやく九州の南端にたどり着いた。Uボートは佐々木を下ろすと給油を済ませ、再び海の中へと姿を消した。

佐々木は設計図のコピーを握りしめ、レーダーを開発している神奈川県川崎市生田《いくた》の陸軍登戸研究所に急いだ。

図面を渡してホッとしている佐々木に、研究所の幹部が言った。

「鈴木君はダメだったが、君が帰ってきてくれてよかった」

実は鈴木は敵艦に救助され、一命を取り留めてのちに帰国するのだが、この時は佐々木を含め関係者のほとんどが、鈴木は死んだと思い込んでいた。

佐々木は自分だけが生き残ったことに後ろめたさを感じた。生き残ったのが自分でよかったのか。鈴木の方がお国のために、役に立てたのではないか。

そして戦時における命の軽さを思った。佐々木は28歳。同年代の男たちの多くが戦場で命を散らしている。総力戦を勝ち抜くためには、銃後で技術をやる人間も必要だ。頭ではわかっているのだが、戦局が悪化するにつれ、前線に出ず、安全な場所で研究を続けている自分を許せない気持ちが膨らんでいった。

「この工場と一緒に死んでやる」

登戸研究所でウルツブルグ・レーダーの報告を終えた佐々木は、急いで川西機械製作所に戻った。

真空管事業部長になった佐々木の下では、挺身隊《ていしんたい》の女性を中心に100人の若い従業員が働いていた。米軍による空襲は日を追って激しくなった。特に戦闘機を生産している川西航空機は集中的な爆撃を受けた。空襲警報が鳴るたびに作業を止《や》めて防空壕《ぼうくうごう》に避難したが、佐々木が働く明石工場だけは不思議なことに被弾しなかった。

ある日、佐々木の秘書の若い女性社員が「家の都合で早く帰りたい」と申し出た。

「構わんよ」と佐々木は言った。だが彼女が帰った後で嫌な予感がした。

「今日あたり、また空襲があるかもしれん。彼女の家は遠いから、警報が聞こえんだろう。これを持っていってやりなさい」

佐々木は自分の部屋にあったラジオを男性社員に渡し、女性社員の自宅へ行かせた。ラジオで空襲警報を聞けば、防空壕に逃げてくれるだろう。しかし実家の牧場を手伝うために帰った彼女は「いくら米軍さんでも、牛までは狙いませんよ」と笑い、ラジオを受け取らなかった。

その日の午後に大掛かりな空襲が明石一帯を襲った。

（こういう時の僕の勘は当たるんだ。ちゃんと防空壕に逃げてくれただろうか）

翌日、胸騒ぎを抑えながら佐々木が牧場へ行くと、下半身を吹き飛ばされた女性社員の遺体が転がっていた。

（ああ……）

佐々木は天を仰いだ。昨日まで明るく笑っていた、働き者で親孝行な娘が、なんの理由もなく無抵抗のまま殺される。なんという不条理だろう。彼女の死は、一体誰の責任なのか。誰に怒りをぶつければいいのか。

数日後、再び就業中に空襲警報が鳴ると、佐々木は工場の屋根に飛び乗って、Ｂ29を睨《にら》みつけた。

「さあ、ここだ。撃ってこい。俺はこの工場と一緒に死んでやる」

だが「空《そら》の超要塞《ちょうようさい》」と呼ばれたＢ29は、銀色に光る腹を見せながら、あざ笑うかのように佐々木の頭上をかすめていった。

殺人電波と秘密戦

しばらくすると、軍から再び命令が来た。

今度は「陸軍登戸研究所へ行け」という。佐々木がドイツからUボートに乗って日本に持ち帰ったウルツブルグ・レーダーの設計図を届けた場所である。

登戸研究所は諜報員《ちょうほういん》の養成を目的とした陸軍中野学校と並び、日本の「秘密戦」を支えた研究施設だった。秘密戦とは何か。

日清、日露戦争の時代まで、戦争とは両国の正規軍同士が正面からぶつかる「武力戦」を指した。しかし第一次世界大戦以降、戦争は国の生産力や技術力がものを言う総力戦の様相を呈し、正規軍がぶつかり合う「武力戦」に加え、「秘密戦」と呼ばれるもう一つの戦争の形態が生まれた。

「武力戦」で活躍するのは戦艦、戦車、戦闘機といった大量破壊兵器である。一方、「秘密戦」で使われるのは、毒ガス、細菌兵器、電波兵器、後方攪乱や宣伝。たとえ大きな戦果をあげたとしても、決して表沙汰《おもてざた》にはできない「秘密の戦い」である。その「秘密戦」で使う毒ガスやスパイ器具を研究・開発するのが登戸研究所の役割だった。

登戸研究所には物理学を応用して風船爆弾や特殊無線機を開発する第一科、化学を応用して毒ガスや細菌兵器を作る第二科、諜報戦のための消えるインクや偽札《にせさつ》を作る第三科、その三つの科のために資材を調達したり機材を作ったりする第四科があった。

風船爆弾とは、文字通り、細菌の入った容器をくくりつけた風船を気流に乗せて太平洋を横断させ、米国上空で破裂させるというものである。偽札を大量にばらまいて、敵国経済をインフレに陥れる作戦も練られた。今となっては馬鹿馬鹿《ばかばか》しい話だが、武力戦で米国に圧倒された日本は、そこに一縷《いちる》の望みを託していた。

佐々木は第一科で「く」号の開発に加えられた。「く」号の「く」は「くわいりき」の「く」。つまり「怪力電波」の研究だった。怪力電波は陸軍が「戦局を一挙に絶対的優位に導く極秘兵器」と期待を寄せ、莫大《ばくだい》な予算をつぎ込んだ技術であった。

怪力電波の正体はマイクロ波、すなわち超短波である。超短波発振器を本土の沿岸部に4キロメートル間隔で配置し、飛来する米軍戦闘機の計器を狂わせ、上陸してくる米兵を抹殺するという途方もない計画で、八木アンテナを発明した東京工業大学の八木秀次《ひでつぐ》博士や、浜松高等工業学校で世界初のブラウン管による電送・受信に成功した高柳健次郎（当時は日本放送協会に出向中）など錚々《そうそう》たるメンバーが顧問に就いた。

かつて佐々木が在籍していた逓信省電気試験所第四部の部長、楠瀬雄次郎も研究に協力しており、同部の研究員4人が登戸に送り込まれた。電波を発生させる真空管に詳しい佐々木が呼ばれたのも、楠瀬の差し金だった。

怪力電波は別名「殺人電波」とも呼ばれ、モルモットやウサギを使って実験が繰返された。発振器で発生させた超短波を当てると、モルモットは2分で死んだ。ウサギは4分から5分かかった。なぜ死ぬのか原理はよくわからなかったが、肛門《こうもん》の温度が上がっていたため体温上昇による死亡と推定された。脳細胞が破壊されて死に至るという原理がわかったのは戦争が終わってからのことである。

佐々木が呼ばれた頃には、10メートルの距離から超短波を発振し、数分でウサギを殺せるところまで技術が進んでいた。実験は最終段階に入り、いよいよ仕上げに人間を殺せるかどうかを確かめるところだった。

(本当にこれで、人を殺す気だろうか)

佐々木は半信半疑だったが、七三一部隊の人間が研究に加わったことで、軍が本気であることを悟った。

七三一部隊と陸軍登戸研究所は姉妹のような関係だった。

正式名称は関東軍防疫《ぼうえき》給水部本部。「関東軍七三一部隊」というのは秘《ひ》匿名《とくめい》である。

七三一部隊は満州ハルビン郊外、平房に広大な施設を持ち、「マルタ」と呼ぶ朝鮮人、中国人、ロシア人などの捕虜やスパイ容疑者を使って人体実験を行っていた。登戸で開発された細菌兵器は七三一部隊に持ち込まれ、人体実験に使われた。狂気の実験に参加した登戸の研究員は後に手記の中で「最初は嫌だったが、だんだん趣味になった」と語っている。

細菌は改良すればするほど、殺傷能力を増していく。悪魔に取り憑かれた研究者たちが暴走していった。

殺人電波も細菌兵器と同じ、狂気の兵器である。東芝や日本電気（NEC）が最新の機材を売り込み、東大出身の俊英たちが嬉々として発振器の大型化や輻射《ふくしゃ》の効率化に取り組んだ。それが効率よく人を殺すための技術であることは誰もが知っていたが、もはや気にする者はいなかった。

技術者としての「正しい道」とは

1945年に入ると米軍の空襲はいよいよ激しさを増し、登戸研究所も機銃掃射を受けるようになった。参謀本部は登戸研究所の疎開《そかい》を決めた。疎開先は長野県の伊那谷（現在の駒ヶ根市）、福井県の武生《たけふ》町、兵庫県氷上郡小川村（現在の丹波市）などである。怪力電波を担当する佐々木たちのグループは伊那谷に赴いた。

殺人電波の開発はいよいよ仕上げに入り、死刑囚を使った人体実験のタイミングが近づいていた。自分たちが開発した装置で人を殺す。それは科学者としてあるまじき行為だが、佐々木の脳裏には牧場で下半身を吹き飛ばされた女性社員の姿が焼き付いていた。

(やらなければやられる。これは戦争なんだ。科学者もまた、戦わねばならないのだ)

佐々木は自分にそう言い聞かせながら、実験の準備を進めた。

やがて人体実験の被験者となる囚人や捕虜が伊那谷に搬送されてきた。健康体でないと正確な実験ができないため、被験者には十分な食事と休養が与えられた。これまでと打って変わって豪華になった食事を、首をかしげながらも、うまそうに掻《か》き込む被験者の姿を見るたびに、佐々木の気持ちは揺れた。

(本当にこの実験は必要なのか。彼らを殺す権利が我々にはあるのか)

佐々木の葛藤《かっとう》をよそに、8月になると人体実験の準備は一段とピッチが上がった。

いよいよ来週から実験が始まるという日、佐々木たち技術者は実験施設の会議室に集められた。

「堪《た》ヘ難キヲ堪ヘ忍ヒ難キヲ忍ヒ以《もっ》テ万世ノ為《ため》ニ太平ヲ開カムト欲《ほっ》ス」

真空管の性能が悪いせいで雑音だらけのラジオ放送だったが、およその意味は理解できた。最初に佐々木を襲った感想は、敗戦のショックでも戦争が終わったことへの安堵《あんど》でもなかった。

（科学者として一線を超えずに済んだ）

人体実験に手を染めた瞬間、「科学者としての自分」が死ぬことを佐々木は予感していた。人類を進歩させるための技術で人を殺してしまったら、その人間は二度と科学者を名乗れない。ギリギリのところで救われた、と佐々木は思った。

玉音放送に涙していた科学者たちの変わり身は早かった。

放送が終わるとすぐ、自分の実験室に戻り、憑かれたように研究資料を燃やし始めた。殺人電波の開発や人体実験などを進めていたことが米国にバレたら、戦争犯罪に問われるのはもちろん、最悪の場合には死刑になるかもしれない。長年の研究成果が米国の手に渡れば、その技術が今度は自分たちに災いをなす。何が何でも証拠は隠滅せねばならなかった。

何年分もの研究成果はあっという間に灰になった。巨大な怪力電波の発振器は、諏訪湖の湖底深くに沈められた。

(こうなることは、ずっと前からわかっていたじゃないか)

冷静さを取り戻した佐々木は、3年前にシンガポールで見た光景を思い出した。

当時まだ優勢だった日本軍は、この年にシンガポールを占領した。無条件降伏したイギリス軍は大量の兵器を残していった。そこに最新鋭のレーダーがあった。

「敵の最新技術を調査せよ」

軍の命令でシンガポールに飛んだ佐々木は驚愕《きょうがく》した。イギリス軍はレーダーの真空管に水晶を使っていたのだ。水晶を管に加工する技術など当時の日本にはない。熱や衝撃に弱いガラスを使うしかなかった。

(どうやったら、こんな硬い材料を精緻《せいち》に加工できるんだ)

佐々木は英国と日本の技術力の差を痛感した。米国はもっと進んでいることだろう。

(この差は簡単には埋まるまい)

それでも佐々木は自分なりの愛国心から、技術で国に報いようとした。

果たしてそれは正しかったのか。

やらなければ自分や家族の身に危険が及んだだろう。とはいえ、多くの人々の命を奪う殺人電波を作ることは、本当に科学者として正しい道だったのか。もし実験で人を殺し、もし実戦配備されて大量殺戮《さつりく》に使われていたら、自分はその後、科学者として生きていくことはできなかっただろう。

いくら考えても答えは出ない。だが、いつまでも悩んでいるわけにはいかなかった。明石工場にはかつての従業員たちが続々と復員してくるだろう。彼らは工場長の自分を待っている。すぐに真空管を作るわけにもいかないが、管理職の端くれとして、彼らの生活を支えるために、仕事を探さなくてはならない。死にぞこなった命の使い道は、後でゆっくり考えることにしよう。

佐々木は伊那谷での顚末《てんまつ》を報告するため一旦《いったん》東京に寄り、すぐに従業員が待つ明石工場に向かった。

第三章　アメリカで学んだ「共創」

GHQからの指令

伊那谷から明石に戻った佐々木は、空襲で焼け野原になった土地に、自分が建てた工場だけがポツンと残っている光景を見た。

戦闘機の「紫電改《しでんかい》」を作っていた川西航空機の工場など川西グループの軍需工場は跡形もなくなっていたが、真空管を作る明石工場だけは奇跡的に被災を免れていた。

原子爆弾によって半径2キロメートルが廃墟《はいきょ》と化した広島で、爆風が真上から吹きつけたため倒壊を免れた原爆ドームと同じように、明石工場は戦地から引き揚げてくる人々にとって、かつての街並みを思い出させる数少ない目印になった。

「おう、君も戻ってきたか」

「はい、命からがら引き揚げてきました。部長、よろしくお願いします」

「ああ、また一緒に頑張ろう」

佐々木は真空管事業部長になっていた。

「頑張ろう」と言ってはみたものの、軍需一辺倒だった川西機械製作所で、一体何を作るというのか。戦闘機はもちろんのこと、レーダー用に作っていた真空管も、戦争が終わった今となっては無用の長物である。

これまで軍需で培《つちか》ってきた技術を、1日も早く民需に転換しなくてはならなかった。

「これからは人を殺す道具ではなく、人を幸せにする道具を作る。我々の技術はそのためにあるはずだ」

佐々木は人体実験寸前までいった殺人電波のことを思い出しながら、若い技術者たちに言った。しかし民需と言っても、敗戦直後の日本人は食べるのに精一杯で、電気製品など買う余裕はない。戦地から戻ってきた従業員を食べさせるためには仕事がいるが、何を作ればいいのか見当もつかなかった。

そんなある日、朝から工場で民需転換のための会議をしていると、若い技術者が血相を変えて飛び込んできた。

「部長、大変です。GHQが門のところに来て、佐々木を出せ、と言っています」

「GHQが俺を？」

佐々木は一瞬、きょとんとしたが、すぐに思い当たった。

（やはり登戸研究所の事がばれたか）

連合国軍は占領直後から血眼になって日本の戦争犯罪人を探していた。人体実験という捕虜に対する非人道的行為は言い逃れのできない戦争犯罪である。

軍の命令に従っただけ、という言い訳は通用しそうになかった。登戸と伊那谷で殺人電波を開発し、人体実験までやろうとしていたのは事実である。解放された捕虜たちが証言すれば、自分の名前が出るのは間違いない。場合によっては死刑かもしれない。

（やっていないが、やろうとしたのは事実。逃げるわけにはいかんな）

覚悟を決めた佐々木が工場の外に出ると、米軍のジープが1台止まっていた。

大柄なGIが「乗れ」と助手席を指差す。佐々木は黙って助手席に座った。心配そうに見守る従業員たちに佐々木は「大丈夫だ」と目で合図した。何が大丈夫なのか自分でもわからなかったが、従業員を不安がらせるのは良くないと思った。

ジープは明石の街を出ると、まっすぐ東に向かった。GIは黙ってハンドルを握っているだけで、行き先も教えてくれない。爆撃で傷《いた》んだ道路を走るジープはひどく揺れ、名古屋を過ぎたあたりで尻《しり》が痛くなった。

（これは東京まで行く気だな。すると、とりあえずの行き先は巣鴨の拘置所か）

覚悟は決まっていたが、気分がいいはずはない。ジープが走り抜ける太平洋岸の街は、ことごとく空襲で焼き払われており、着の身着のままの人々が瓦礫《がれき》をかき集めてバラックを建てている。敗戦国そのものの光景が、一段と佐々木の心を重くした。時間が経《た》つのが妙に遅く感じられた。

ジープは1日かけて国道1号線を走り続け、日が暮れた頃にようやく東京に着いた。GIは東京・日比谷の第一生命館で車を止め、「降りろ」と合図した。

連合国軍最高司令官のダグラス・マッカーサーは、第一生命の社長をしていた石坂泰三が建てたこのビルを気に入り、GHQの本部をここに置いた。

石坂の好みで作られた立派な石の階段を登って警備のGIに名前を告げると、奥の部屋に通された。待っていたのは米国人にしては小柄な将校だった。

「コムスだ」

机に向かっていた将校は自分の名前だけを言うと、手元の書類に目を戻した。

CCS（民間通信局）大佐のギャレット・ディ・コムス。CCSはGHQの中で民間の電気通信と郵便の復旧を担《にな》う部門であり、ギャレットはその責任者だった。

進駐軍の中でも無類の女好きで知られた男だが、日本で販売されるラジオ受信機に「最低性能試験」を課し、当時の最先端であるスーパーヘテロダイン式ダイナミック型を普及させた実績もある。

この政策により日本製のラジオの品質が大幅に上がり、輸出可能なレベルになる。電機が輸出産業となる礎《いしずえ》を築いたと言ってもいい。

書類を机の上にポンッと投げ出したコムスは、佐々木の方を向いて言った。

「君がカワニシのササキか」

「はい」

「真空管の技術者か」

「そうです」

「君の真空管工場は無事だっただろう」

「はあ」

確かに明石工場は空襲の難を逃れた。それにしても、東京にいるこの男がどうしてそのことを知っているのだろう。そもそも、自分が明石工場で真空管を作っていたことを、なんで知っているのだろう。

「合点がいかないようだな。君の工場が爆撃されなかったのは運が良かったとでも思っているのか。マッカーサー元帥《げんすい》は日本の通信機器の工場は爆撃するなと命令を出していたのだよ。奈良や京都の古刹《こさつ》と同じことだ」

佐々木が怪訝《けげん》な顔をしているとコムスは早口でまくし立てた。

「占領政策を円滑に実行するには、通信網が必要だ。そのためには大量の真空管がいる。だから、君がいた明石工場は爆撃の対象から外されたのだ」

（見逃されていた？）

佐々木は頭が真っ白になった。

女性秘書が空襲で死に、工場の屋根からB29を睨《にら》んだ自分の姿がフラッシュバックしてきた。米軍は空襲や原爆で女子供や年寄りを巻き添えにしておきながら、占領後に自分たちが必要なものだけは、ちゃんと残しておいたということか。

佐々木の当惑などお構いなしに、コムスは続けた。

「この電話を作ったのは君か」

コムスは机の上の黒電話を指差した。見覚えのある3号型電話機だった。京大生の時、見習いに行った逓信省《ていしんしょう》で開発を手伝った電話機である。

（そんなことまで知っているのか）

佐々木は米軍の調査能力に戦慄した。

「まあ、大学生が作った電話など、この程度のものだろう。回線の品質が悪くて使い物にならん。遠距離だと、まともに話ができないではないか。占領政策の大きな妨げだとマッカーサー元帥は怒っておられる」

コムスは電話機と佐々木を交互に指差しながら大声を出した。

遠距離の通信がうまくいかないのは、回線の途中で減衰する信号を強くする増幅器の性能が悪いからだ。増幅器の性能は真空管の性能で決まる。日本で作る真空管は、遠距離通話では使い物にならなかった。だが、どうやらそんな説明をしてもわかってもらえる状況ではなさそうだ。

「なんとかしろ」

コムスは佐々木に言った。

「え？」

「君が作ったのだから、君がなんとかしろ。君たちの工場で、この程度の真空管しか作れないのは、クオリティー・コントロールがなっていないからだ。紹介してやるから、アメリカの工場に行って勉強してきたまえ」

「アメリカ……」

(俺の行き先は巣鴨でも絞首台《こうしゅだい》でもなく、アメリカか)

ジープに揺られながら死ぬことばかり考えていた佐々木は、急に膝《ひざ》の力が抜けた。

そして次の瞬間、技術者の本能がムクムクと動き出した。

(見てみたい。日本を完膚なきまでに叩《たた》きのめしたアメリカの実力を、この目で見て

みたい）

それは技術者としての抑えきれない衝動だった。佐々木はコムスの目を見ながら、静かに言った。

「イエス・サー」

クオリティー・コントロールとは何か

佐々木がアメリカの土を踏んだのは１９４７年。ニューヨークの街に着いて驚いたのは、溢《あふ》れんばかりのモノの洪水だった。日本人の多くが焼け野原で食うや食わずの生活を送っている時に、アメリカではゼネラル・モーターズ（ＧＭ）のポンティアックが売れ、ゼネラル・エレクトリック（ＧＥ）の皿洗い機が人気だった。ショーウインドウに溢れ返る物、物、物。アメリカの社会事情を勉強しようと思ってニュース雑誌を買ったが、広告だらけでどれが記事だかわからない。

（俺たちは、こんな国と戦争していたのか）

知らないというのは恐ろしいことである。彼我の差も顧みず、日本はこの絶望的な物量の差を精神力で埋めようとしていた。

（殺人電波に細菌兵器に風船爆弾。そんなもので、この国に勝てるはずがないじゃな

いか）

奇抜なアイデアで難局を打開しようとしていた自分たちが、滑稽《こっけい》にすら思えた。

コムスの紹介で佐々木が向かったのは、ペンシルバニア州アレンタウンにあるウエスタン・エレクトリックの工場だった。電話機や電話交換機のメーカーだったウエスタン・エレクトリックは電話の発明者グレアム・ベルが作った電話会社ベル・テレフォン（のちのAT&T）に買収され、同社の機器製造部門になっていた。ウエスタン・エレクトリックは日本と縁があり、1899年（明治32年）には日本初の外資系合弁会社として、日本電気を立ち上げた会社でもある。

ウエスタン・エレクトリックとベル・テレフォンの研究開発部門を統合して誕生したのがベル研究所である。研究員は博士号を持っていることが条件とされ、佐々木が訪れた時には8000人の博士が働いていた。

「クオリティー・コントロールを教わってくるように」とコムスが紹介状を書いてくれたのは、8000人の中の一人で統計学者のウォルター・アンドルー・シューハートだった。

1918年（大正7年）、ウエスタン・エレクトリックの検査技術部門に配属されたシューハートは、それまでの検査の常識だった完成品のチェックではなく、生産プロセスを改善して品質を上げる方法を編み出した。これがコムスの言う「クオリティー・コントロール」の原型である。

1925年（大正14年）にベル研ができるとシューハートはそこに移り、引退するまで統計的品質管理の体系化に取り組んだ。のちに日本で「生産管理の父」と呼ばれるエドワーズ・デミングが、シューハートの成果を受け継いで、統計的品質管理の手法を世界に広めることになる。

佐々木はシューハートから直々に統計的品質管理の手ほどきを受けた。考え方は革新的だったが、実際にウエスタン・エレクトリックの電話機工場を見て、がっかりした。ベルトコンベアにずらりと並んだ女子工員たちは、ガムを噛《か》みながらペチャクチャとおしゃべりをしていた。明石の工場で働いていた挺身隊《ていしんたい》の女子工員とは雲泥の差である。

（なんと、だらしない）

案の定、おしゃべりに夢中になった女子工員が部品をぽとりと床に落とした。

（ほらみろ、おしゃべりばかりしているからだ）

佐々木は眉《まゆ》をひそめたが、次の瞬間、思わぬことが起きた。

床に落ちた部品がころりと溝に落ち、スーッとベルトで運ばれてコンベアの川上の部品箱に回収されたのだ。部品を落とした女子工員は、それを拾いあげるために手を止める必要がないから、流れ作業は止まらない。

生産工程全体が、誰かが失敗することを織り込んだ設計になっているのだ。シューハートはこう説明した。

「製造工程において品質を悪化させるのは『変化』だ。製造工程における『変化』をどれだけ減らせるか、が品質の高さにつながるのだよ」

シューハートは変化の要因を「特殊原因」と「共通原因」に分け、特殊原因を取り除いて統計的に管理できるような状態にすることが、「クオリティー・コントロール」の要諦《ようてい》だと佐々木に教えた。日本にはない考え方である。

(日本なら、監督者が部品を落とした女子工員を叱《しか》るだろう。叱ることで無理やり品質を上げるのが日本のやり方だ。アメリカ人は工員がおしゃべりしながらでも高品質の製品が作れる仕組みを考える。合理性とは、こういうことか)

ウエスタン・エレクトリックは民生品だけでなく軍需の部品も生産していた。そんなところについ最近まで敵国だった日本人の佐々木は入ることを許された。

特別扱いを受けたのは佐々木だけではなかった。アメリカ軍は日本を占領する時、トップレベルの科学者、技術者のリストを作り、その多くをアメリカに招いている。

エリート層を親米にして、敗戦国日本のアメリカに対する敵愾心《てきがいしん》を和らげることと、戦後復興を円滑に進めることが狙《ねら》いだった。佐々木もエリートの一人として招かれたわけである。

アメリカ軍は終戦直前に佐々木が所属していた陸軍登戸研究所のカウンターパート、関東軍防疫《ぼうえき》給水部本部（七三一部隊）の研究員たちにも接触している。本来なら戦争犯罪に問われるはずの彼らをアメリカは免責し、見返りに細菌兵器のノウハウを得たとされている。

アメリカは第二次世界大戦末から終戦直後にかけてドイツの優秀な科学者も招いた。一連の作戦は「ペーパークリップ作戦」というコードネームで呼ばれた。太平洋戦争が続いている間は日本に勝つために、日本が降伏した後は、優秀なドイツ人科学者をソ連に奪われないために、科学者ごと知的財産を取り込もうとしたのである。

ドイツ人科学者のリストの中には、ロケット工学の第一人者、ヴェルナー・フォン・ブラウンや核エネルギー開発のトップ、ヴェルナー・ハイゼンベルクの名前もあった。アメリカ軍は彼らを「我々にとってドイツ軍10個師団より価値がある」と評価していた。ペーパークリップ作戦により、１６００人のドイツ人科学者がアメリカとイギリスに渡り、米英は１００億ドル相当の「知的賠償」を手に入れたとされている。

敵でも味方でも、使えるものはとことん使う。アメリカを貫いていたのは徹底した合理主義である。「使える」と判断した人材には厚遇を与える。そうすることで敵を味方に変えるのだ。

根底にあるのはアメリカの国益を前提とする合理主義だが、招かれた者たちはアメリカの豊かさと技術水準の高さに圧倒され、戦争に負けたことより、戦争を仕掛けたことを悔いるようになる。佐々木もいつしかアメリカが好きになっていった。

佐々木がアメリカに滞在したのはわずか10日間。短い日程の中で、クオリティー・コントロール以外にも多くのことを学んだ。

アメリカの真空管技術の最先端を見るために、ニュージャージー州マレーヒルにあるベル研究所にも顔を出した。そこで出会ったのがウィリアム・ショックレー、ジョン・バーディーン、ウォルター・ブラッテンの3人である。1956年に「トランジスタの発明」でノーベル物理学賞を受賞する天才トリオだ。

3人は軍の要請を受け、真空管に変わる固体素子の研究を始めていた。

ノーベル賞を二度受賞する男

グループのリーダー、ショックレーはロンドン生まれの気難しい男だった。技術者

として バランスに優れ、全体を見通す洞察力には定評があったが、いかんせん日によって機嫌が違いすぎる。メンバーの中でも少し浮いた存在だったが、佐々木もショックレーが苦手だった。

実験を担当していたブラッテンは物静かな男で、あまりしゃべらない。黙々と手を動かす職人気質で、日本から来た若い技術者にはほとんど関心を示さなかった。

もっぱら佐々木の話し相手になったのは、メガネをかけた大男で、人のいいバーディーンである。戦前から真空管の研究をしていたバーディーンは、京大時代に佐々木が英語で書いた論文を読んだことがあり、年下の佐々木を敬意を込めて「ドクター」と呼んだ。

「私は戦争中、海軍兵器研究所でレーダーの開発をやっていました。ドクター・ササキは戦争中、何をしていましたか」

「私もレーダーをやっていました」

殺人電波のことは言えなかった。

「お互い、大変でしたね」

バーディーンは肩をすくめた。敗戦国から送られてきた7歳年下の科学者を、バーディーンは自分と対等に扱った。その姿勢に佐々木は感動した。

12月も半ばを過ぎるとニューヨークの街は、クリスマス一色に染まった。窓は華やかな電飾で飾られ、人々はプレゼントの買い物に忙しい。貧しい東洋の島国から来た佐々木は身の置き場がない。見かねたバーディーンは週末、佐々木を自宅に招いた。

バーディーンは妻の手料理で佐々木をもてなした。見たこともない豪華な料理に佐々木は目を見張り、舌鼓《したつづみ》を打ちながら、大学の卒論に書いた電子幾何学の話をした。バーディーンは面白そうに佐々木の話を聞いた。敗戦国と戦勝国の垣根を越え、歳《とし》の差も超えて、二人の間に友情が芽生えた。

楽しい時間はあっという間に過ぎた。佐々木が「そろそろ」と辞去すると、バーディーンは「そこまで送っていこう」と立ち上がった。

二人はとりとめのない話をしながら賑《にぎ》やかなニューヨークの街を歩いた。

すると何かを思い出したようにバーディーンが言った。

「ドクター・ササキ、日本の検波器は鉱石を使っていましたか」

「はい、まだ鉱石を使っていました」

佐々木は恥ずかしそうに答えた。鉱石を使った検波器は石の性能のいいところを針で探って受信する原始的な仕組みであり、安定した性能が出せる真空管の方が進んだ技術とされていた。

「最近、アメリカの軍は、もう一度、鉱石を使った検波器を作れと言うのです」

熱に弱く容積のかさばる真空管を固形の素子に替えたがっているのだという。しかも鉱石検波器のように行き当たりばったりではなく、安定した性能を出せる素子を要求しているのだという。

（そんなものが人間の手で作れるのか）

佐々木が思案していると、バーディーンがポツリと言った。

「それで、我々のチームは変な石を発見したのです」

「変な石、ですか」

「そう、変な石です。ある金属に2本の電極を指すと、真空管と同じような働きをするのです」

「そんなことがあるのですか」

「まだ、確かではありませんが、再現性は確認しました。そう遠くない将来、正式に発表できると思います。ドクター・ササキ、楽しみにしていてください」

バーディーンはそう言うと、いたずらっぽくウインクをした。

（変な石。何だろう）

真面目《まじめ》なバーディーンが嘘《うそ》や冗談を言うはずはない。いや控えめな彼の性格からして、かなりの自信があるはずだ。それは真空管に取って代わるものなのか。断片的な話を聞いただけではわからない。だが、何かとてつもないことが始まろうとしているのかもしれない。

(アメリカから目を離してはいけない。この国の技術はすごい。日本は1日も早く追いつかなくてはならない)

焦燥感に苛《さいな》まれながら、佐々木は帰国の途についた。

真空管から、トランジスタの時代へ

「変な石」が発明された正式な日付は1947年12月23日。クリスマスイブの前日とされている。バーディーンが佐々木にその存在をほのめかしたのは、正式な発明の直前ということになる。

ベル研究所は「変な石」を「トランジスタ」と名付けた。ゲルマニウムの内部を通過する二つの回路の一方が、他方の回路の抵抗を変える。トランス・レジスター(抵抗移行装置)を縮めた造語である。

実は「トランジスタ」を発見したのはバーディーンとブラッテンで、ショックレーは実験に参加していなかった。「点接触型」と呼ばれる最初のトランジスタの特許に名を連ねたのはバーディーンとブラッテンの二人だけだった。衝撃を受けたショックレーはその後、トランジスタの研究に没頭し、「接合型」というより実用的なトランジスタの開発に成功する。こうして「トランジスタの発明」でノーベル物理学賞を受賞する時には、3人の名前が並ぶことになった。

こののち、ブラッテンとバーディーンは研究路線の対立からショックレーの元を去る。バーディーンは超伝導の研究を始め、1972年に再びノーベル物理学賞を受賞。ノーベル物理学賞を一人で二度受賞した唯一《ゆいいつ》の人物になった。

律儀《りちぎ》なバーディーンは日本に帰った佐々木に、「トランジスタ」の発表を手紙で知らせてきた。それを読んだ佐々木は、矢も盾もたまらず川西機械製作所の社長、高尾繁造のところへ飛んで行った。

「社長、これからはトランジスタの時代です。いつまでも真空管をやっていたのではダメです。トランジスタに切り替えましょう」

京大出身の高尾は天皇から銀時計を拝領した「恩賜《おんし》の時計組」で技術に明るかったが、「真空管の代替になる固体素子」という佐々木の話には首を傾《かし》げた。

「佐々木君、君がアメリカで何を見てきたか知らないが、そんなものができるとは、僕には信じられないね」

「あのバーディーンが『できた』と言っているのです。彼は嘘を言いません。きっと近い将来、トランジスタは真空管に取って代わる。真空管だけでやっていくのは危険です」

佐々木が熱弁を振るえば振るうほど、高尾の機嫌は悪くなった。一介の技術者が経営に口を挟んでいるのだから、当然といえば当然かもしれない。高尾は「うーん」とうなったまま、決断をしなかった。

高尾の煮え切らない態度に耐えかねた佐々木は、東京へ行き、商工省の技術振興課に押しかけた。もし、真空管がこの世から消えるとしたら、ことは川西機械製作所、1社の問題にとどまらない。日本の電機業界全体の大問題である。国策としてトランジスタの開発を後押ししろ、と課長に掛け合ったのだ。

「ですから固体素子の分子が変化して、真空管と同じ増幅効果が出るのです」

「うーん、そんな素子が本当に作れるのですか」

「ベル研究所が正式に発表しています」

「そんなニュースは聞いたことがないなあ」

それもそのはずだった。

「トランジスタ誕生」のニュースは、あまりにも画期的すぎて、本国のアメリカでさえ、その意味がわかる人間は限られていた。ベル研究所が満を持して発表したニュースは、雑誌の片隅に埋もれていた。

値段が高いことも、トランジスタに注目が集まらなかった原因の一つであった。初期のトランジスタは1個15ドルもした。そんな高価な部品が、1個35セントの真空管に代替されることになるとは、誰も思わない。

佐々木は食い下がった。

「国益のために今からトランジスタに着手すべきです。ここで突き放されたら、日本の電機産業は二度とアメリカに追いつけない」

あまりのしつこさに課長が折れた。

「そこまで言うのなら、申請書を出してみなさい。予算化を検討してみましょう」

「ありがとうございます」

佐々木は課長に向かってぺこりと頭を下げると、走って商工省のビルを出た。

神戸に戻ると川西機械製作所の本社に着くなり社長室に飛び込み、高尾に補助金獲得の道が開けたことを報告した。

「国が背中を押してくれるのだから、他社も出てくるでしょう。ここでやらないと、後で後悔することになります」

「しゃあないなあ。そこまで言うなら、やったらええがな」

高尾は投げやりに言った。

こうして他社に先駆け、川西機械製作所でトランジスタの研究が始まった。

トランジスタの時代

「とてつもないデバイスがアメリカで生まれたらしい」

やがて川西機械製作所以外の電機メーカーもトランジスタの情報をキャッチした。日本電気（NEC）、東芝、日立製作所、三菱電機――日本を代表する電機メーカーが一斉にトランジスタの研究開発をスタートした。

だが川西機械製作所社長の高尾と同様、ほとんどの企業の経営者はトランジスタに懐疑的だった。「他がやるから一応、自分たちも手をつけておく」といった程度の取り組みで、社を挙げてのプロジェクトにはならなかった。

多くの経営者は最初に佐々木が考えたように、「固体素子は鉱石ラジオ時代の遅れた技術」と捉えた。

「うちには立派な真空管の技術があるのに、なんで今更、鉱石に逆戻りしなければならないんだ」

ただし、会社の中にはトランジスタの可能性に気づいた技術者たちがいた。彼らは地動説を唱えたガリレオのように、社内で「異端」「変人」と言われながら、真理への探究心に突き動かされて研究を続けた。

しかし、今のようにインターネットに乗って情報が軽々と国境を越える時代ではない。トランジスタに関する情報のほとんどは米国内にとどまっており、日本でわかっているのは「真空管と同じ増幅効果があるらしい」ということだけ。素材の配合もわからないし、原理もわからない。

社内で頑張っていても埒《らち》が明かないので、技術者たちは企業の枠を超えて「トランジスタ勉強会」を開いた。とはいえ、講師役の大学教授が見当違いの原理を説明し、質問者に矛盾を突かれて立ち往生したり、発表者が発表しているうちに自説のおかしさに気づいて前言を撤回したりと、散々な状況だった。

情報に飢えた技術者たちのオアシスとなったのが、東京・日比谷の帝国ホテル前にあったGHQの民間情報教育局（CIE）である。彼らは暇を見つけてはここに通い、アメリカから送られてくる科学雑誌を読み漁《あさ》った。アメリカは文化宣伝の一環として、これらの文献を日本の科学者たちに自由に読ませた。

それでも雑誌の断片的な情報で本物のトランジスタを作るのは至難の業だった。科学者たちは、あらゆる材料、あらゆる工法を試し、情報を交換しながら、少しずつ、全体像を把握していった。

井深大《まさる》の小型ラジオ

もがき続ける日本の技術者に福音がもたらされたのは1952年4月。ベル研究所が、トランジスタ技術の有料公開に踏み切った。重要な特許を独り占めすることで独占禁止法に触れることを避けるための措置だった。

ベル研究所は1社から2万5000ドルの参加料をとってセミナーを開いた。参加したのは28社。ほとんどが米国企業で、欧州企業が4社だけ参加していた。

日本企業にとって2万5000ドルは高すぎた。渡米する費用もバカにならない。日本の技術者が手にしたのはベル研究所がセミナーで配ったテキスト「トランジスタ・テクノロジー」の海賊版だった。

にもかかわらず、トランジスタの量産にいち早く成功したのは佐々木の川西機械製作所だった。川西機械製作所が国の企業再建整備計画で3社に分割され、佐々木が移籍した会社は「神戸工業」に改称。神戸工業がトランジスタの売り先として目をつけたのは自動車である。

本格的なモータリゼーションの到来はまだ先の話だが、すでにこの頃日本でも一部の富裕層や企業が乗用車を使うようになっていた。トヨタ自動車工業は高級車のクラウンにカーラジオを搭載していたが、真空管が熱に弱く、かさばるのが悩みの種だった。トヨタはオールトランジスタのカーラジオを求めており、神戸工業は松下電器産業に競り勝ってクラウン用のトランジスタラジオを受注した。１９５５年のことである。

佐々木の他にもう一人、早くからトランジスタの将来性を見抜いていた男がいる。東京通信工業（現ソニー）の創業者、井深大だ。佐々木がクラウン向けのカーラジオを完成させた年、井深は、オールトランジスタの小型ラジオを発売した。名機「TR-55」である。このラジオはまず国内で大ヒットし、やがて海外にも輸出された。一世を風靡《ふうび》した「TR-55」はそれまでの「安かろう悪かろう」という日本製品のイメージを覆し、高品質な「メイド・イン・ジャパン」の先駆けになった。

殺人電波が電子レンジに

１９５０年、朝鮮戦争が勃発《ぼっぱつ》し、日本経済は米軍の特需で息を吹き返した。東西冷戦が始まり、アメリカの対日政策も変化していく。GHQは日本を二度と戦争をしない国にするため、武装を解除させ軍需産業を解体した。だがソ連や中国の台頭で日本を「反共防波堤」と捉え始めたアメリカは、自衛に限定した武力の保有を認め、1954年に自衛隊が発足した。

神戸工業は自衛隊が日本全土に張り巡らすレーダー監視システムの構築を受注し、佐々木はシステムの肝となる大出力特殊真空管、クライストロンの調達を命じられた。

当時、日本にクライストロンを作る技術はなかったので、佐々木は輸入先を求め、米国のリットン・インダストリーズ（2001年にノースロップ・グラマンが買収）という西海岸の軍需メーカーに向かった。

サンフランシスコにあるリットンの工場ではクライストロンのほか、飛行機のレーダーに使うマグネトロンも生産していた。

「これは」

マグネトロンの装置を見た佐々木は絶句した。

それは佐々木が陸軍登戸研究所で開発していた「殺人電波」の技術だった。

リットンの社員はさらに驚くべき事実を教えた。

「戦闘機のレーダーは数が知れているので、我々はこの技術を民需に転用しようと考えています」

「民需……マグネトロンを一体、何に使おうというのですか」

佐々木が尋ねると、リットンの担当者はこっそり教えてくれた。

「調理器具ですよ」

「電磁波で料理をするのですか」

「そうです。冷めた食事を温めたり、ホットミルクを作ったりするのです」

(レーダーにそんな使い道があったのか)

佐々木は生産ラインを流れるマグネトロンを食い入るように見つめていた。人を殺すために生まれた技術で、子供のミルクを温める。それは平和の象徴のようにも思えた。

程なくリットンは、レーダーから派生したこの製品を「レーダーレンジ」の名前で売り出した。

日本に戻った佐々木は、すぐに神戸工業でレーダーレンジの事業化に動いた。しかし軍需一辺倒の神戸工業がいきなり調理器を作っても、肝心の販路がない。

(餅《もち》は餅屋。我々はマグネトロンの生産に特化し、完成品の生産・販売はどこか民生が得意な会社に任せればいい)

その時、佐々木の頭に、一つの会社の名前が浮かんだ。

早川電機工業、のちのシャープである。

創業者の早川徳次は発明家として知られ、穴をあけずにベルトを締められる「徳尾錠」や、繰り出し式鉛筆「エバー・レディ・シャープ・ペンシル」で財をなした。関東大震災で工場と家族を失った徳次は大阪で再起を図り、鉱石ラジオを作る早川金属工業研究所を立ち上げた。

早川電機は戦後、ポータブルラジオでヒットを飛ばし、1953年に国産初のテレビ（パナソニックも国産初を主張）の量産に乗り出すなど、進取の気風で知られていた。いつも先走りして後で松下電器や東芝に負けるので「ハヤカッタ電機」と冷やかされたりもした。

（あの早川電機なら飛びつくかもしれない）

そう考えた佐々木がレーダーレンジの話を持ち込むと、案の定、専務の佐伯旭が食いついてきた。

「それは面白い。ぜひ、うちでやらせてください」

こうして早川電機はレーダーレンジの開発に乗り出した。「レーダーでは物騒だ」ということで商品名は「電子レンジ」とした。

神戸工業は民需転換するためにマイクロレンジの機構を簡素化し、値段を下げようとした。だが元は戦闘機のレーダーのために開発された技術である。初号機の価格は54万円もした。トヨタのパブリカが38万9000円だったことを考えると、今の価格に直して200万円近くにもなる。庶民が手を出せる代物《しろもの》ではなかった。

おまけに電磁波の周波数は国が監理していたので、製品を出すために、いちいち電波監理局の許可を取らなくてはならない。

この厄介な製品を最初に買ってくれたのは電鉄会社の近鉄だった。安全上、火を使えない特急列車のビュッフェに電子レンジを設置し、乗客に暖かい食事を提供した。電車の中で出せる食事といえばサンドイッチかおにぎりだった当時、湯気の立つ食事が出る近鉄特急は、大評判になった。

一般の家庭に電子レンジが広まり始めたのは1964年。東京オリンピックで選手村に設置された頃からである。

初期の製品はマイクロ波が届くところと届かないところがあるため、温めムラが問題になった。電機メーカー各社はマイクロ波の発振装置が料理の周りをぐるぐる回る仕組みなどを試みたが、なかなかうまく熱が行き届かない。

早川電機の開発陣は料理を皿ごと回転させる「ターンテーブル方式」を編み出して、

温めムラの問題を解決した。コロンブスの卵である。

早川電機はもちろんこの方式の特許を取っていたが、創業者の早川徳次は「皆さんに使ってもらったらいい」と有償で特許を公開した。

「良い技術であれば、他社にも使ってもらい、お客さんにどんどん使って貰《もら》えばいい」

それが早川徳次の信念だった。気《き》っ風《ぷ》のいい徳次は業界で大いに男を上げた。

もう一つの問題は「温め忘れ」である。マイクロ波は目に見えないので調理している実感がなく、多くの利用者が料理をレンジの中に入れたまま忘れてしまう。早川電機の開発陣は温め終わると自転車のベルのように「チリーン」と音が鳴る仕組みを考えた。

これがやがて「チーン」に変わり、電子レンジで食事を温めることを「チンする」と言うようになった。早川電機の活躍で電子レンジは日本の家庭に広まり、マグネトロンを供給する神戸工業にも大きな利益をもたらした。

佐々木の働きでトランジスタやマグネトロンのビジネスをものにした神戸工業だったが、総じて言えば、軍需企業だった頃の「技術偏重体質」がいつまでも抜けず、商売が下手な会社であった。松下電器産業やソニーのようにマーケティングで消費者を引きつけることも、日立製作所や東芝のように政府と組んで電力や通信のインフラに食い込むこともできなかった。

神戸工業の業績は徐々に傾いていき、1968年には、ついに富士通の傘下《さんか》に入ることが決まった。吸収された後、1972年には富士通のラジオ部門が分離され、現在の富士通テンになった。

経営が傾き始めた1963年、末席の取締役とはいえ経営陣に名を連ねていた佐々木は責任を取る形で会社を辞める決意をした。

競合他社から「うちに来い」という誘いは数多くあったが、佐々木はビジネスの世界から足を洗うつもりだった。

そもそも川西機械製作所に入ったのは、自分の意思ではなく軍の命令に従ったまでのこと。佐々木自身は母校の京大で研究者として生きることを望んでいた。もともと、金には頓着《とんじゃく》しない性格である。経営者として生きるよりは、研究者の方が肌に合う。

幸いなことに、神戸工業時代に真空管、トランジスタの大家として鳴らした佐々木を、京大は歓迎した。電子工学の部門で教授の椅子《いす》を準備するという。佐々木が大学教授になるのは、亡《な》き父、八二郎の夢でもあった。

（残りの人生は学究に捧《ささ》げよう）

佐々木正、48歳の春だった。

第四章　早川電機への転身

ハワイでの待ち伏せ

「また、あなたですか」

神戸工業の門の前で待っている男を見て、佐々木はうんざりした。

１９６３年、秋のことである。

「佐々木が神戸工業を辞めるらしい」

業界に噂《うわさ》が広まると、様々な会社から「うちに来て欲しい」と誘いが掛かった。もっとも熱心だったのは電子レンジで縁のある早川電機工業だった。

「良い返事をもらえるまで、何度でも参ります」

黒縁メガネをかけた恰幅《かっぷく》の良い男は、笑みを浮かべた。

名を、佐伯旭という。１９１７年（大正6年）生まれで佐々木より二つ年下の佐伯は、この時、早川電機工業の専務だった。創業者で社長の早川徳次は70歳を過ぎており、会社の実務はもっぱら、佐伯が取り仕切っていた。

佐伯は佐々木が神戸工業をやめる決意をする前から猛烈なアプローチをかけていた。

「経営の責任を取って神戸工業を辞めるのですから、もうビジネスの世界には戻れません。これからは学者として生きていきます」

佐々木ははっきりと断ったが、佐伯は「ごもっとも」「よくわかります」と言いながら、しつこくつきまとった。佐伯には引き下がれない事情があった。

1954年の神武景気。1956年の高天原《たかまがはら》景気、1958年の岩戸景気。朝鮮特需の後、日本経済は急拡大が続き、早川電機は白黒テレビ、冷蔵庫、洗濯機などを売って大きくなった。

それまで戦ってきた松下電器産業、東京通信工業（ソニー）、三洋電機に加え、日立、東芝、三菱電機といった重電大手が家電に乗り出したことで競争は一段と厳しくなった。

佐々木が神戸工業の退社を決意した頃、大手に挟撃《きょうげき》された早川電機はすっかり競争力を失い、「日立が買収か」などと新聞に書かれる始末だった。

「このままでは生き残れない」

追い詰められた社長の早川徳次と専務の佐伯は、総合電機メーカーへの脱皮を急いだ。

だが、新規事業を始めるには技術がいる。小学校2年の時に錺《かざり》職人の店に奉公に出た早川は、職人独特の勘と人を惹《ひ》きつける度量で会社を切り盛りしてきたが、専門的な技術のことはわからない。「財務の達人」と言われた佐伯も、会計の知識は働きながら身につけたもので、実は高校も出ていなかった。

早川電機が大卒を初めて採用したのは1953年のこと。工学部を出た大卒社員はまだ30歳そこそこで、とても経営は任せられない。新規事業を立ち上げるには「技術のわかる幹部」が必要だった。

「佐々木さんを採りましょう」

そう言ったのは、技術陣を束ねる研究部長の笹尾《ささお》三郎だった。

世界で初めてテレビの受像に成功した高柳健次郎（浜松高等工業学校助教授、のちに日本ビクター技術最高顧問）の愛弟子《まなでし》である笹尾は、戦時中、横須賀の海軍研究所でレーダーの開発に携わったことがあり、そこで佐々木の噂を聞いていた。

「アメリカやドイツの先端技術をよく知っている。海外企業とも太いパイプを持つ人物です。新しい事業を任せるにはうってつけです」

笹尾の話を聞いた佐伯は、何が何でも佐々木を早川電機に引き抜こうと心に決めた。

しかし大学教授になると決めた佐々木を翻意させるのは、容易なことではなかった。

「父親が死ぬ間際《まぎわ》に、大学の教授になってくれ、と言ったのです」

佐々木は父の遺言まで持ち出して佐伯を追い返した。

すでに京大との間では1964年の4月から教壇に立つことで話がまとまっており、佐々木は退職に向けて神戸工業での残務整理を始めていた。最後にやっておかなくてはならないのは、電子レンジ用のマグネトロンや通信設備用のクライストロンで技術提携している米リットンとの関係を、きちんと契約に落とし込んでおくことだった。

佐々木は顔見知りの幹部への挨拶《あいさつ》も兼ねて、米国に飛んだ。

リットンの本社で交渉している佐々木に日本から国際電話が入った。受話器の向こうで男は「佐伯の秘書」と名乗った。

（こんなところまで電話してくるとは、なんとしつこい男だ）

佐々木が佐伯の顔を苦々しく思い出していると、秘書が言った。

「佐伯がハワイでお待ちしております。帰りに是非、お会いしたいと」

佐々木は驚いた。当時の飛行機は一度給油しないと太平洋を横断できなかったので、確かに佐々木はハワイに寄る予定になっていた。それにしても、自分に会うためだけに、わざわざハワイまで来るというのか。

半信半疑でホノルル空港に着くと、果たしてそこには佐伯がいた。佐々木はその日のうちに飛行機を乗り継いで日本に帰る予定だったが、佐伯は「部屋を用意してあるので、ぜひ泊まってください」という。

佐々木は佐伯の顔を立て、ホノルルで1泊することにした。

「明日の朝まで、時間はたっぷりありますな」

佐伯はホテルの部屋でなおも口説き続けたが、佐々木の考えは変わらない。京大教授の椅子《いす》を蹴《け》って、今にも潰《つぶ》れそうな早川電機に行くのは、誰がどう考えても賢明な選択ではなかった。

「少しはご自分の体のことと、家族のことを考えてください」

妻の淨子《じょうこ》が猛反対していることも、佐々木の頭の中にあった。

佐々木には前妻との間に4人の息子があり、淨子との間にも1女1男がいた。一番下の吾朗はまだ幼く、仕事一辺倒の佐々木に代わって6人の子供を育てている淨子には頭が上がらない。親戚《しんせき》や知人も口を揃《そろ》えて反対した。

神戸工業時代に労務をやったこともある佐々木は、人員削減の辛《つら》さが身にしみていた。

「お前の親父《おやじ》が、うちのおとうちゃんをクビにしたんや」

子供達がクラスメートに責められた苦い思い出は、忘れようにも忘れられない。幼い吾朗に同じ思いはさせたくなかった。

クリスマスイブの決断

佐々木が日本に戻った後も佐伯はしつこくつきまとった。ある日には、半ば強引に佐々木を大阪・西田辺の早川電機本社に連れて行った。

本社ビルの中に入ると、廊下の照明は蛍光灯が全部外してあり、真っ暗だった。応接室も薄暗い。

「経費節約ですわ」

佐伯は屈託なく笑い、テーブルの上の蛍光灯のスイッチを入れた。

（これは相当、苦しいな）

一方で、日々の電気代にも事欠く会社の専務がハワイまでわざわざ会いに来たのか、とも考えた。それを思うと、少し心が揺れた。

年の瀬も迫る12月24日、長女、慶子の「ケーキを忘れないでね」という声に送られて、佐々木はいつものように神戸工業に出社した。

リットンとの契約は整い、もう仕事はほとんど残っていない。昼休みに会社の近くの店で買ったケーキをぶら下げて、夕方にはオフィスを出た。

すると門のところに黒塗りのハイヤーが止まっている。中から佐伯が出てきた。

「早川がお待ちしております。お乗りください」

有無を言わせぬ雰囲気だった。観念した佐々木が後部座席に座ると、ハイヤーはミナミの料理屋に向かった。

部屋の襖《ふすま》を開けると、座敷の下座に早川徳次が座っていた。佐々木を上座に座らせると、佐伯が早川電機の今後について、延々と話し続けた。その計画を実現するには「どうしても、あなたの力が必要だ」と繰り返す。

早川は目を閉じて何も言わない。

早川電機は存亡の危機にあるはずだが、目の前に座っている創業者は水のように泰然としている。自分が「うん」と言うまで、永遠にこの時間が続くような気がした。

（これは、まいったな）

佐々木は、徳次の静けさに飲み込まれそうな自分を感じていた。

なおも佐伯は説得を続け、徳次は黙っている。黙っていてもその佇《たたず》まいには、一代で日本を代表する電機メーカーを作り上げた男の風格が漂っている。

（この人の下で働いてみたい）

佐々木は、生まれて初めてそう思った。

気がつくと、佐々木は座布団《ざぶとん》を外し、居住まいを正して早川に頭を下げていた。

「私でお役に立つのであれば、早川電機で働かせてください」

早川は目を開け、すっと手を差し出した。

「よろしく頼みます」

暖かい、大きな手だった。

ミナミの料理屋を出た佐々木が深夜、自宅に帰ると、娘の慶子が泣きはらした目で待っていた。クリスマスケーキが遅い、と怒っているのだ。「早川電機に行く」と告げると、今度は淨子が怒った。

「あなたって人は、何でもかんでも自分一人で決めて」

散々なクリスマスイブだった。

1964年の冬、神戸工業で残務整理をしていた佐々木は、大阪大学に特別講義を頼まれた。演題は「エレクトロニクス業界の未来」。阪大は5年前に電子工学科を立ち上げたばかりで、就職を控えた学生が、佐々木の話に耳を傾けた。のちにシャープ副社長になる三坂重雄《みさかしげお》もその一人だった。

「やがてエレクトロニクス業界はＩＣの時代になり、炊飯器にも冷蔵庫にもＩＣが入るようになるでしょう」

（この人、すごいことを言うなあ）

講義の最後に佐々木は、聴講生にこっそり打ち明けた。

「実は私はしばらくしたら早川電機工業に移ります。そこで面白いことをやりますから、一緒にやりましょう」

阪大、電子工学科の2期生は「金の卵」で、大手から引く手あまたである。しかし三坂は佐々木のビジョンに魅入られ、経営不振の早川電機を選んだ。

愚痴から生まれたプロジェクト

１９６４年４月、佐々木は早川電機に入社した。

ポジションは新設された産業機器事業部の部長。稼ぎ頭のテレビ、ラジオでも、洗濯機や冷蔵庫といった白物家電でもなく、産業機器という新しい分野の事業を立ち上げ、それで「早川電機の利益の3分の1を稼ぎ出してくれ」というのが、佐伯からの注文だった。

既にある商品といえば、かつて佐々木がマグネトロンを売り込んだ電子レンジくらいで、他にまともな商品はない。「無から有を生み出せ」というわけだった。

キャッシュ・レジスター、心電図の計測器、業務用の熱燗《あつかん》加熱器から果てはヤギの人工心臓まで、産業機器事業部の技術者たちは手当たり次第、思いつくままに「産業機器」を開発していた。念願叶《かな》って佐々木の下で働くことになった三坂も、あまりの自由さに面食らった。上司らしい上司はいない。組織もない。新人の三坂を含め、事業部の全員が、自分のやりたいことをやりたいようにやっていた。

だが佐々木が見るところ、ものになりそうな商品はほとんどなかった。

（これは困ったな）

新設の事業部は丸腰に近かったが、その中で唯一《ゆいいつ》、商売の匂《にお》いがする商品があった。電子卓上計算機、すなわち「電卓」である。

佐々木が入社する数年前から、早川電機の若手技術者たちが開発に着手し、血のにじむ思いで発売にこぎつけた商品だったが、値段が高すぎてほとんど売れていなかった。

佐々木が入社した1964年に発売されたオールトランジスタの電卓「CS－10A」は机一つを占拠するほどの大きさで、重さは25キログラムもあった。値段は53万5000円である。トヨタが売っていた大衆車の「パブリカ」（38万9000円）より高い。掛け算の答えを出すのに1分もガチャガチャ音をたてながら計算している機械式計算機に比べれば、オールトランジスタの電卓は確かに便利だったが、この値段では大企業でもおいそれとは手を出せない。

「CS－10A」を開発したのは入社10年目の技術者、浅田篤《あつし》を中心とした若手の開発チームだった。それは飲み屋の愚痴から生まれたプロジェクトだった。

1955年、大阪府立大学を卒業して早川電機に入社した浅田は、テレビの開発チームに配属された。当時の早川電機は1300人そこそこの会社だったが、皇太子のご成婚をきっかけにテレビは爆発的に売れるようになり、会社は急成長し始めた。仕事も猛烈に忙しくなった。

売れたはいいが、当時のテレビは今のテレビと違い、売りっぱなしというわけにはいかなかった。性能が不安定で、売った後のメインテナンスが欠かせないのだ。技術者の数が限られていた早川電機では、「映らない」とクレームが入ると、浅田たち開発部門の若手が顧客のところへ飛んで行った。

修理して直ったかどうかを確かめるためには、電波が飛んでいる時間に行かなくてはならない。1日の放送は午前11時30分から午後1時30分と、午後5時30分から10時の2回。この時間を見計らって顧客のところへ行く。

今のクレーマーのような客は少なく、「修理に来ました」というと、「よく来てくれた」と歓待された。田舎の温泉旅館に修理に行った時には、一晩タダで泊めてもらい、役得で湯船につかったこともある。

忙しいには忙しいのだが、浅田たちには「いつまでもこんなことをしていていいのか」という焦《あせ》りがあった。アメリカではコンピューターの巨人、IBMが日の出の勢いで成長していた。日本も、いつまでもラジオやテレビの時代ではないだろう。

だが早川電機にはまともな研究開発の組織もなく、技術者は日々のメインテナンスに追いまくられる始末である。

「このままじゃいけない」

いつしか浅田たちは、会社に近い小料理屋、富田屋の2階に集まるようになった。ボヤキから始まった飲み会は、やがて会社の将来を話し合う場になっていった。

ラジオやテレビの代わりに何をやるべきか。若手の意見は三つの分野に集約された。IBMがやっているコンピューター、日本では早川電機が電子レンジで先鞭《せんべん》をつけた電磁波、医療関連機器の三つである。今すぐできる、という訳ではない。できるかどうかは別にして「やっておいたほうがいい」という議論だった。事業計画というより夢物語に近い。

しばらくすると「若手が毎夜、集まって何かやっているらしい」という話が、秘書を通じて専務の佐伯の耳に入った。

「君らの話を聞いてみたい」

浅田たちは佐伯の部屋に呼ばれ、話し合いの中身を根掘り葉掘り聞かれた。職場に戻った浅田たちは、それぞれの上司である部長や課長に、しこたま怒られた。

「この忙しいのに何をやっとんねん。そんな暇があったら、もっと働かんかい」

半年後、浅田たちは再び専務に呼び出された。佐伯は厳しい表情で言った。

「君たちの話はわかった。望み通り、会社の将来のための研究組織を作ろう。ただし、人が足りないから部長は出せない。君ら若手だけでやってほしい」

実際の研究は若手がやるにしても、方向づけをする人間が必要だ。研究室長には浜松高等工業学校で「テレビの生みの親」高柳健次郎の弟子だった笹尾三郎が就任した。顧問は電磁波工学の大家、大阪大学助教授の熊谷信昭《くまがいのぶあき》（のちの阪大総長）が引き受けてくれた。

研究室は六つに分かれ、100人いた早川電機の技術者の中から、若手20人が抜擢《ばってき》された。開発者の2割を、すぐには利益を生まないR&D（研究開発）に割いたわけである。そんな余裕のある会社ではなかったが、佐伯は胆力を見せ、若手の意欲を汲《く》んだ。

浅田はコンピューターをやる第六研究室のリーダーになった。テレビの技術者として入社した浅田にコンピューターの経験はない。だが、そもそもコンピューターがわかる人間など早川電機にはいない。富田屋で「コンピューターをやるべきだ」と言い出したのは浅田だったので、「言い出しっぺのお前がやれ」ということになった。

右も左もわからない浅田は顧問の熊谷の伝手《つて》をたどり、阪大でコンピューターを研究していた尾崎弘《ひろし》のところへ駆け込んだ。

「コンピューターを教えてください」

頭を下げる浅田をジロリとにらみ、尾崎は言った。

「君な、コンピューターをやると死ぬで」

「えっ、死ぬんですか」

浅田はギョッとした。

「コンピューターを本気で勉強したら、コンピューターに取り憑《つ》かれて死ぬんや。アメリカでは何人も死んどる。会社でやるのもどうかと思うで。何せコンピューターは金食い虫やからな。手を出した会社のほとんどが潰れとるわ」

浅田はゴクリと唾《つば》を飲んだ。

しかし子供ではあるまいし「死ぬぞ」と脅されて「そうですか」と帰るわけにもいかない。

「やります。やらせてください」

「そうか。そんなら明日の朝からおいで」

尾崎はニヤリと笑った。

その頃、浅田のチームに一人の若者が加わった。鷲塚諌《わしづかいさむ》。浅田の5年後輩で家電の八尾工場に配属されていた技術者である。しかし八尾で力を持て余した鷲塚は「もっと新しいことがやりたい」とゴネまくり、念願叶って第六研究室に入ってきた。

「コンピューター？　おもろいやないですか」

大柄な鷲塚はブルドーザーのように働き、よく食い、よく飲んだ。見た目通りに豪放磊落《らいらく》な性格で、多少の困難は「なんとかなるがな」と勢いで乗り越えた。慎重で緻《ち》密《みつ》な浅田とは正反対ゆえに、絶妙のコンビと言えた。

クーラーのない時代、第六研究室で電子回路の高熱試験をする時、鷲塚は上半身裸になって首からタオルを下げ、汗だくになりながら器用にハンダを操った。論理が得意で「電卓博士」と呼ばれたのは浅田だが、実際に手を使って電卓を開発したのは鷲塚である。開発にかける情熱は烈火のごとく、社内では「鷲やん」と親しまれたが、ライバル各社には「電卓の鬼」と恐れられた。

浅田と鷲塚は、毎朝9時に尾崎の研究室に通った。論理設計は尾崎に教わり、回路技術は同じく阪大教授の喜田村善一《きたむらぜんいち》に習った。昼過ぎになると、帰り道でそばをかきこんで、会社に戻り、今度は夜中まで研究室にこもる。わからないことがあると阪大に戻って尾崎に聞く。

「頭が回るのは、ここからや」

尾崎は深夜まで、嬉々《きき》として若い二人に付き合った。

学生ではないから、いつまでも勉強しているわけにはいかない。半年間猛勉強した後、浅田のチームは実機の開発に取り掛かった。

最初に作ったコンピューターは「HAYAC1」と名付けられた。「ハヤカワ・オートマチック・コンピューター」の略である。当時はオートマチック・コンピューターの呼び名が流行《はや》り、東芝は「TOSBAC」、日立は「HITAC」と呼んでいた。

ある日、完成したばかりのHAYAC1を役員にお披露目した。足し算と引き算は機械式計算機よりはるかに早く静かにこなし、役員から感嘆の声が漏れた。だが問題は掛け算だった。

「掛け算は、かける1しかできません」

2×1＝2、3×1＝3。ここがHAYAC1の限界だった。2×2になるともう駄目である。今度は役員から落胆の声が上がる。皆が一斉に徳次の方を見た。ここで徳次が怒れば、コンピューターの研究は打ち切りになる。

「コンピューターといっても、人間より頭が悪いんだねえ」

徳次が言うと、会議室に笑いが起こった。

（社長、スンマセン。次まではきっちり仕上げます）

浅田は頭をかきながら、心の中で徳次に手を合わせた。

数ヶ月後のお披露目では掛け算もちゃんとできるようになっていたが、調子に乗ってデモを続けていたら、誤算をしてしまった。回路が熱を持って誤動作したのだ。再び役員が息を飲んだ。徳次は言った。

「へえ、機械でも間違うことがあるんだ」

浅田はまたしても徳次の度量に救われた。

国の金には頼らない

徳次と佐伯がコンピューターの誕生を辛抱強く待ったのには訳がある。

アメリカではIBMやバローズといったコンピューター大手が日の出の勢いで成長していた。情報化社会の幕開けである。日本も日立、東芝、富士通などが開発を本格化させていたが、半導体同様、見よう見まねの状況である。大元の技術は米企業からライセンスを得るか、特許に触れないように真似《まね》るしかない。

「各社がバラバラに交渉したのでは足元を見られる」

そう懸念《けねん》した通産省は、アメリカに対するバーゲニングパワーを高める為《ため》、企業を絞って補助金を出すことにした。選ばれたのは日立、東芝、富士通、日本電気、三菱電機、沖電気工業（OKI）の6社である。

日本電信電話公社や東京電力とは関係の薄い、松下電器産業と早川電機工業が外された。怒った松下幸之助と早川徳次は通産省にねじ込んだが、追加が認められたのは松下通信工業だけだった。通産省の役人は徳次にいった。

「申し訳ないが、早川電機さんの体力でコンピューターは難しい。ご無理されない方がいいと思います」

憤懣《ふんまん》やるかたないまま西田辺の本社に戻った徳次は、こう宣言した。

「国の金には頼らない。早川は自分の力で早川らしいコンピューターを作る。八百屋のおかみさんが使える便利で手軽なコンピューターだ」

こうなったら後には引けない。創業者に恥をかかせるわけにはいかないのだ。浅田と鷲塚は会社の期待を一身に背負うことになった。

1962年、第六研究室が生んだ最初の製品は電卓ではなく会計機だった。大きすぎて卓上には乗らなかった。値段は100万円を超えており、八百屋のおかみさんが使える代物《しろもの》でもなかった。営業は月に10台売るのがやっとだった。

ようやく「卓上」を名乗れる計算機が完成したのは1964年。前述のオールトランジスタの電卓「CS-10A」である。

トランジスタを作る技術がない早川電機は日立や日本電気がラジオ用に量産しているトランジスタを買った。計算機用にわざわざ特別のトランジスタを作ってもらったのでは高くなるが、ラジオ用なら安く買える。ただし不良品があった場合、ラジオなら雑音で済むが、電卓は「誤算」が起きて売り物にならない。

そこで浅田たちは日立や日本電気から実際に必要な量の何倍ものトランジスタを買い付け「エイジング（熟成）」をした。工場で高熱、高電圧に100時間さらし、生き残ったトランジスタだけを使うのだ。計算機として使えないトランジスタはラジオに回した。生き残るトランジスタは数％にすぎない。そのコストを積み上げると、1

台あたりの値段は53万5000円になった。

「俺たちにできることは全部やった」

CS‐10Aを完成させた時点で、浅田や鷲塚は燃え尽きていた。若手だけで突っ走ることの限界を感じた。ここから先に進むには、途方もない資金と知恵がいる。情熱だけでなんとかなる領域はとうに超えていた。

「共創」の思想

佐々木と大阪市立大学教授の三戸左内《みとさない》が早川電機に入社したのはそんな時だった。三戸は笹尾の後任の研究室長になり、佐々木は浅田や鷲塚がいる産業機器事業部の事業部長になった。

(助かった)

浅田は「地獄に仏」の思いで佐々木を迎えた。

だが佐々木の第一声を聞いた浅田は、途端に不安になった。

浅田や鷲塚が進めてきた電卓研究の資料を一通り読んだ佐々木は、開口一番、こう言ったのだ。

「浅田君、これ面白いね。この回路はいつかチップになって人間の脳に埋め込まれるかもしれないよ」

（この人は、本当に大丈夫か）

浅黒い浅田の顔が少し青ざめ、丸い目が一段と丸くなった。

（俺たちが死ぬ思いで小型化しても、まだ卓上を占拠している計算機が、たった一つのチップになる？　それが人間の頭に入るだと？）

突拍子もなさすぎて話にならない。宇宙人と話しているようだ。

だが浅田と鷲塚が佐々木の部屋に入り浸るようになるのに、たいした時間はかからなかった。電卓の開発で何か問題に突き当たると、佐々木は必ず解を与えてくれるのだ。

「ああそれなら、三菱電機に頼みなさい。僕から電話をしておいてあげよう」

「それは（当時、世界最大の電機メーカーだった）ＲＣＡに聞くのが早い。向こうが朝になったら電話しよう」

部屋に入って、課題を相談すると、その場で解決策が飛び出してくる。

全《すべ》ては人脈のなせる技だった。ベル研究所のショックレー、ブラッテン、バーディーンから始まった佐々木のアメリカ人脈は半導体、エレクトロニクス業界全体に及んでいた。ＲＣＡの経営陣ともクリスマスカードをやり取りする仲。のちにインテルの経営者となるロバート・ノイス、ゴードン・ムーア、アンドリュー・グローブも友人だった。

浅田たちが「今まで狭い研究室でひざを突き合わせて悩んできた俺たちは何だったのか」と嫌になるほど、佐々木の見識と人脈は広かった。

「いいかい、君たち。わからなければ聞けばいい。持っていないなら借りればいい。逆に聞かれたら教えるべきだし、持っているものは与えるべきだ。人間、一人でできることなど高が知れている。技術の世界はみんなで共に創《つく》る『共創』が肝心だ」

佐々木が座右の銘とする「共創」の思想を披瀝《ひれき》すると、浅田と鷲塚は「なるほど」と頷《うなず》いた。浅田たちは尊敬を込め、佐々木のことを「ドクター」と呼ぶようになった。

早川電機に佐々木あり

CS-10Aはなぜ売れないのか。佐々木は持ち前のフットワークで顧客先を回った。誰もが口にしたのが「信頼性」である。CS-10Aはラジオと同じゲルマニウム・トランジスタを使っていたが、このトランジスタは熱に弱い。長い時間使って過熱すると、素子の動きが不安定になり誤算が起きる。早川電機の財務部門ですら、CS-10Aの計算結果をソロバンで検算をする有様だった。

次に値段だ。ヒアリングに応じた三菱電機の購買担当は言った。

「50万円を切ってくれれば買いやすくなるんですけどね」

当時、三菱電機のような大企業でも部長決裁の権限は50万円が上限。それを超えると役員会の承認が必要になる。役員全員に電卓の必要性を理解させるのは骨が折れた。

三つ目が使いにくさ。CS‐10Aには10桁《けた》の計算をするために、各桁に1から0までのキーがあり、キーの数は全部で100個を超えた。ここから必要なキーを探し出すのは手間であり、顧客は数字が10個だけの「テンキー」を求めていた。キーの動作《ストローク》が硬すぎて、長時間打つと腱鞘炎《けんしょうえん》にかかるという問題もあった。

佐々木はゲルマニウム・トランジスタを「シリコン・トランジスタに変えろ」と命じた。すでにアメリカではシリコンの方が、性能が安定すると知られており、半導体の主流になりつつあった。日本では精製の方法がわからなかったが、佐々木は「アメリカでできていることが日本でできないはずはない」と半導体メーカーを説き伏せ、強引にシリコンウエハーを生産させた。

値段は役員会の承認がいらない37万9000円にした。テンキーを採用し、キーのタッチもソフトにした。1965年に発売した「CS‐20A」は月産2000台のヒットになり、日本の電子計算機市場で50%を超えるシェアを占めた。

「電卓は早川電機の事業の柱になる」

そう確信した佐々木は奈良県に本格的な電卓工場を建設することを構想する。ただ、長く経営危機が続いた早川電機には先立つものがない。

佐々木は神戸工業の時代から通い慣れた通産省の電子工業課を訪れた。

「課長、早川電機の電卓は欧米で高く評価されています。ここで強気の投資をすれば電卓は立派な輸出産業になり、日本の国益にかなうものと考えます。ぜひ、通産省の支援をお願いしたい」

「私も電卓には注目していたのですよ」

課長はエレクトロニクス産業の動向に明るい男だった。「電子産業を日本経済の柱にしたい」という志にも燃える課長は、なんとか佐々木の要望に沿おうとしてくれた。だが、一企業の設備投資に国が直接、金を出すわけにはいかない。しばらく天井を睨《にら》んでいた課長は、ポンッと膝《ひざ》を打った。

「そうだ、地域開発法を使いましょう。2億円程度なら、日本開発銀行から引っ張れますよ」

「金利はいかほどでしょう」

佐々木が心配げに聞いた。そのくらい早川電機の台所は苦しかった。

「最初の2年は無利子です。そのあとも市中金利よりはずっと安いと思います」

「最初の2年は無利子ですか」

眼鏡の奥で佐々木の目が光った。

大阪に帰ると、産業機器事業部の幹部を集めて号令をかけた。

「2億円で工場を建て、2年で全額返すぞ。時間との戦いだ。作れるだけ作り、売って売って売りまくれ」

浅田は「またドクターの無茶が始まった」と思った。だが人間の集団である企業は、火事場に追い込まれると不思議な力を発揮する。トップが本気で「やる」といえば、時に不可能が可能になるのだ。

「鹿《しか》は四つ足、馬も四つ足。鹿が降りられる坂を馬で降りられぬ道理があるか。皆の者、続け」

源義経の「鵯越《ひよどりごえ》の逆さ落とし」である。佐々木を先頭に、産業機器事業部はCS-20Aを売りまくり、2年で2億円を返済してしまった。利子を取り損ねた開銀は怒ったが、「返すな」とも言えず、ほぞを噬《か》んだ。

しかし浮かれている時間はなかった。早川電機の躍進で「電卓は儲《もう》かる」と知ったライバルたちが、猛然と追い上げてきたからだ。

カシオの猛追

CS‐20Aを発売した年、電卓事業に参入してきたのがカシオ計算機である。樫尾《かしお》忠雄《ただお》、俊雄《としお》、和雄《かずお》、幸雄《ゆきお》の樫尾4兄弟が1957年に東京・三鷹《みたか》市で立ち上げたカシオ計算機は、天才発明家、俊雄が開発したリレー式計算機で大成功を収めた。俊雄の独創的な設計により、それまで1万個以上あったリレーを341個に減らした画期的な計算機は、早川電機が電卓を普及させるまで、日本の計算機市場で無敵を誇った。4人で始めた会社はあっという間に200人の所帯になった。

絶好調のカシオに冷水を浴びせかけたのが早川電機のCS‐20Aだった。フルトランジスタ電卓のCS‐20Aは、リレー式がもはや時代遅れになりつつあることを顧客に印象付けた。

1965年のある日、営業担当の和雄は代理店、内田洋行の幹部に呼ばれた。

「和雄さん、ちょっとこれを見てくれ」

内田洋行の倉庫にはカシオのリレー式計算機の在庫がうずたかく積まれていた。

会社に帰った和雄は俊雄に言った。

「俊雄兄さん、もうリレー式は無理だ。うちも電子式をやろう」

リレー式のパイオニアを自任する俊雄は、それでも「リレー式でいく」と譲らない。困った顔の和雄を残して俊雄は研究室に閉じこもり、さらにコンパクトなリレー式の開発に没頭した。

しばらくして、俊雄が研究室に和雄を呼んだ。机の上に、新型リレー式の試作機があった。前の型よりはるかに小さく、見事な出来栄《できば》えだった。

そこへ、和雄は若い研究者に小さな箱を持ってこさせた。

「俊雄兄さん、これはどうだろう」

箱の中には、和雄が開発部門にこっそり作らせた電子計算機の試作機が入っていた。それは俊雄が寝食を忘れて作った新型のリレー式より、ずっと小さかった。

しばらく呆然《ぼうぜん》と箱を眺めていた俊雄が言った。

「そういう時代か」

その日から俊雄は電子回路を猛勉強し始めた。

計算理論はリレー式で熟知している俊雄にとって、電子回路の基本さえ身につければ、計算機のデジタル化は難しいことではなかった。1965年、カシオは同社初の電卓「カシオ001」を発売する。他社になかったメモリー機能を持ち価格は38万円。早川電機のCS－20Aとほぼ同額。

電卓市場にカシオあり。カシオ001は早川電機に対する強烈な宣戦布告だった。

これを見た佐伯が燃えた。

「うちは、もっと安くできるやろ。八百屋のおかみさんに買ってもらうんだから8万円くらいにならんか」

佐伯は理屈ではなく感覚で「10万円を切れば需要が爆発する」と読んでいた。

「専務、やっとの思いで40万円を切ったのに、8万円は殺生《せっしょう》ですわ」

浅田は現場を代表して抗弁した。だが佐伯は笑って取り合わない。

「それはおかしいなあ。君らは技術のプロやろ。わしは素人《しろうと》、アマチュアやで。プロがアマに向かって『できません』とはおかしな話やないか」

無茶苦茶な理屈だが、佐伯が言うと妙な説得力があった。困り果てた浅田が佐々木に泣きつくと、佐々木も笑いながら言った。

「面白い。やってみようじゃないか」

(冗談じゃない。この人たちは何を考えているんだ)

浅田は常識の通じない上司を持つ我が身を呪《のろ》った。だが専務と事業部長が「やれ」と言うのだから、サラリーマンとしては従う他ない。

佐々木には腹案があった。1958年にテキサス・インスツルメンツ（TI）の技術者、ジャック・キルビーが発明した「ＩＣ（集積回路）」の利用だ。佐々木は、キルビーとほぼ同時期に別の方式で集積回路を開発したフェアチャイルドセミコンダクターのロバート・ノイスと親交があり、ＩＣの技術情報を手に入れていた。

（あれを使えば、胸ポケットに入る電卓が10万円以下で作れるはずだ）

ノイスから得た情報をもとに、独学でＩＣを学んでいた佐々木は、「電卓のＩＣ化」に向かって一気に舵《かじ》を切った。もちろんＩＣの商用化は日本初の試みだった。

１９６６年、早川電機は世界初のＩＣ電卓「ＣＳ‐31Ａ」を発売する。ＩＣ化のおかげで重量は25キログラムから13キログラムに半減。値段はカシオの「００１」より安い35万円になった。

１９６０年代なかば、日本の電卓市場には大小合わせて50社のメーカーがひしめいていた。だが、半年に一度、重さと値段が半分になる激烈な競争の中で、メーカーは1社、また1社と減っていく。命を削り合うような激烈な開発競争をリードしたのは早川電機とカシオだった。佐々木はその先頭に立ち、「電子立国日本」の土台を築いていった。

第五章　「ロケット・ササキ」の誕生

「次はMOSでいくぞ」

「うーん」

机の上に置いた「CS－31A」を眺めながら、佐々木は一人で考え込んでいた。国産初のIC電卓は爆発的に売れた。米国への輸出も始まった。日本開発銀行から2億円の融資を取り付け、電卓専用工場も建設した。

神戸工業から早川電機に移籍してから2年。全《すべ》てがうまくいっていた。社長の早川徳次と専務の佐伯旭は佐々木を全面的に信頼し、産業機器事業の全てを任せてくれた。この事業部に限って言えば実質的な社長である。工場長の浅田篤と部長の鷲塚諫はよく働いた。

「うーん」

それでも佐々木の心は満たされていなかった。早川電機に来て、最初に浅田たちが設計した電卓の回路を見た時に頭に浮かんだビジョンが忘れられなかったのだ。

（これは、いつかチップになって人間の脳に入る）

だが目の前にあるCS－31Aの重さは13キログラム。脳どころか、ポケットにも入らない。

「八百屋のおかみさんが使えるコンピューターを作れ」

徳次はそう言った。

だがCS－31Aの価格は35万円。ライバルのカシオ計算機を3万円差で圧倒したとはいえ、まだ乗用車1台分の値段である。八百屋のおかみさんどころか、中堅企業も手が出ない。

「うーん」

今の技術ではこれが限界だった。ICにトランジスタを詰め込めるだけ詰め込んで、軽量化のため筐体《きょうたい》も鋼板からプラスチックに変えた。これ以上、部品点数は減らせないし、部品を買い叩《たた》けば協力会社が潰《つぶ》れてしまう。

「うーん」

佐々木が唸《うな》っていると、ドアを開けて総務の担当者が入ってきた。

「ドクター、今度建てる家族寮の図面と見積もりが上がってきました」

「うん？」

佐々木は顔を上げ、担当者にソファーを勧めた。新工場ができ、電卓が売れたことで、急に人手が足りなくなった。最初は通勤可能な工場近隣で従業員を募ったが、すぐに足りなくなり、遠方から来る従業員のために独身寮を建てた。それでも足りないので、今度は遠方の家族持ちも採用できるよう、家族寮を建てたのだ。電卓事業の全権を委《ゆだ》ねられていた佐々木は、寮の設計にまで関わっていた。

佐々木は渡された図面と見積書を交互に見ながら、顔をしかめた。

「高いなあ」

「はあ、しかし家族寮となると、プライバシーもありますので、独身寮のような安普《やすぶ》請《しん》というわけにもいきません」

なるほど部屋を仕切る壁が独身寮の倍の厚さになっている。炊事場や押入れにもかなりのスペースを割いており、間取りが複雑だ。

「そうか、独身寮とは違うか」

それでもなんとかコストダウンできないかと、佐々木は図面をじっと見つめた。

(これと同じものをどこかで見たことがある)

佐々木の頭の中で、二枚の図面がスーッと重なり合った。

(これはＩＣの回路じゃないか！)

セルと呼ばれる部屋と部屋を分厚い壁で絶縁し、一つ一つのセルに複雑な回路を書き込む。家族寮の図面はICの回路とそっくりの構造だった。

佐々木は机の引き出しを開け、急いで独身寮の図面を出した。家族寮と独身寮。二つの図面を交互に見ながら、ひとりごちた。

「そうか。MOSか。MOSならいけるか」

「モス、ですか?」

総務の担当者が不思議そうな顔をしている。

「いや、すまん、すまん。こっちの話だ。ああ、家族寮な。家族寮はその設計で行ってくれ」

「承知しました」

担当者は首をひねりながら、部屋を出て行った。

ドアが閉まると佐々木は定期購読しているアメリカの半導体技術雑誌を取り出して、片端から読み始めた。

メタル・オキサイド・セミコンダクター。略してMOS。日本語に訳せば「金属酸化膜半導体」である。数年前にアメリカで発明された新しいタイプの半導体だった。

それまでのトランジスタは、二つのキャリア(電荷)を持つ「バイポーラ」というタイプだったが、シリコンの上に薄い金属膜を塗って作るMOSは、一つのキャリアを電界効果で移動させる。

バイポーラの回路が家族寮なら、MOSは独身寮だった。部屋の構造はシンプルで壁は薄い。集積度を上げるにはもってこいの技術である。

だが1960年にベル研究所で発明されたMOSは、その後数年間、埃《ほこり》をかぶっていた。表面が酸化膜で覆《おお》われたバイポーラに比べ、金属膜が表面にむき出しになるMOSは動作が不安定で扱いにくかった。「量産は無理」というのが専門家たちの見解だった。

それでも電卓をワンチップにして人間の脳に入れるなら、この技術しかない。佐々木はそう確信した。すぐに電話で浅田と鷲塚を部屋に呼んだ。

「次はMOSでいくぞ」

浅田が青ざめた。

「ドクター、それはいけません。MOSは使い物にならんて、アメリカの技術者も言うてます。ドクターがご存知ないわけないでしょう」

「いいや、MOSだ。MOSしかない」

「無茶ですよ。うちがやると言ったって、半導体の工場はないから、どっかに作ってもらわななりません。あんな難しいもの、作ってくれるところはありませんよ」

「それは僕に任せてもらおう。いいから君たちは次の電卓をMOSで設計してくれ。製造先は僕が必ず見つける」

そう言うと、佐々木は受話器を取り、半導体メーカーの役員に電話をかけ始めた。

こうなったら佐々木はもう止まらない。

(今度ばかりはあかん。無茶苦茶や。これまで大概の無理は聞いてきたが、MOSだけはあかん。突っ込んでも火傷《やけど》するのがオチや)

がっくり肩を落として佐々木の部屋を出た浅田は、救いを求めるような眼差《まなざ》しで隣の鷲塚を見た。

すると鷲塚はニヤッと笑った。前歯が1本欠けている鷲塚は、笑うと妙に愛嬌《あいきょう》がある。浅田が「みっともないから歯医者に行け」と言っても「そんな時間があったら仕事しますわ」と放ったらかしである。鷲塚は欠けた前歯を見せて言った。

「浅田さん、ドクターがやると言うてますのや。やらなしゃあないでしょう。ドクターを信じましょうや」

どこまでも真《ま》っ直《す》ぐな男だった。

尻込《しりご》みする半導体メーカー

佐々木は持てる人脈の全てを使い、国内の半導体メーカーを説得にかかった。

「トランジスタはやがてバイポーラからMOSの時代になる。今からやっておかないと、二度とアメリカに追いつけなくなる」

佐々木は行く先々でMOSの将来性を説いて回った。だが反応は芳《かんば》しくない。

「いくら佐々木さんの頼みでも、MOSだけはダメですよ。本家のアメリカが放り出した技術でしょ」

「だからこそチャレンジするんです。ものにすれば一気にアメリカの前に出られる」

「いやあ、そう言われましてもねえ」

日立、日本電気、三菱電機、東芝。主な半導体メーカーは皆、尻込みをした。各社は電卓用のバイポーラ・トランジスタを量産するために大型の設備投資をしたばかりだった。

「バイポーラの償却も終わっていないのに、ものになるかどうかわからないMOSの量産などできるわけがない」

それが本音だった。

佐々木は再び通産省に駆け込んだ。

「LSIをやるのなら絶対にMOSです。MOSをやらなければ本物のLSIにはたどり着けません」

アメリカの半導体専門家たちは「スモールスケール」「ミドルスケール」とICの集積度を上げていき、いずれLSIにたどり着く、という技術のロードマップを描いていた。日本も国を挙げてLSIをものにしようとしていた。しかし主流はあくまでバイポーラであり、MOSは選択肢に入っていなかった。

「そうはおっしゃいますが、聞くところによるとMOSは工業化に向かないらしいですね」

通産省の課長は渋い表情で言った。

佐々木は強引に押し返した。

「課長、新しい技術がいきなり量産できないのは、トランジスタの頃から同じでしょう。最初から簡単に量産できる新技術などありませんよ。でもやがて不可能は可能になる。それが技術の歴史ではないですか」

課長は佐々木の迫力に押され始めた。

「わかりました。作るという半導体メーカーがあるのなら、予算をつけないこともない。まずは佐々木さんがメーカーを説得してください」

「ありがとうございます」

予算獲得の糸口を獲得した佐々木は再度、半導体メーカーを回った。重い腰を上げたのが三菱電機だった。三菱電機の担当役員は佐々木の話を聞いているうちにやる気になり、MOSの量産ラインを作る前提で話が進んだ。

それを聞いた通産省の課長は、「それならこちらも一肌脱ぎましょう」と予算化を確約してくれた。

（これでポータブルの電卓が作れる）

佐々木は胸を躍らせたが、量産に入る直前になって、三菱電機から連絡が入った。担当役員は申し訳なさそうに言った。

「私はやりたいのですが、社長からストップがかかってしまいました。試作まではやってもいいが、生産ラインには乗せるなと」

話を聞いてみると、三菱電機の経営陣に「MOSはダメだ」と入れ知恵した学者がいるらしいことがわかった。半導体研究の第一人者である東北大学教授の西澤潤一《にしざわじゅんいち》。

西澤はある雑誌のインタビューで「MOSはローレライの魔女」と語っていた。ライン川の難所、ローレライに佇《たたず》む金色の櫛《くし》を持つ美しい魔女に見とれていると、船が渦の中に飲み込まれてしまう……。

西澤本人はのちに「非常に困難だが、魔女の心を射止める努力をすべきだ、という意味だった」と釈明しているが、「うっかりMOSに手を出すと会社ごと沈んでしまう」と解釈した電機大手の経営者は震え上がった。

予算は取ってしまったし、浅田たち早川電機の現場はMOSを前提にした電卓の開発を進めている。今更「量産できない」とは言えない。

佐々木は日本のメーカーを諦《あきら》めてアメリカに飛んだ。

ロックウェルへ乗り込む

フェアチャイルドセミコンダクター、テキサス・インスツルメンツ（TI）、ウェスティングハウス・エレクトリック、RCA、レイセオン。アメリカの大手半導体メーカーはすでにMOSを生産していた。だがそれは民生用ではなく、あくまで軍需だった。ソビエト連邦より優れたミサイル、戦闘機、レーダーを開発するためにアメリカ政府は莫大《ばくだい》な軍事予算を注ぎ込み、そこから半導体産業が生まれた。半導体は東西冷戦、軍拡競争の申し子だった。

1957年、ソ連は人類初の人工衛星「スプートニク1号」の打ち上げに成功する。対抗したアメリカの人工衛星「ヴァンガード計画」は失敗に終わり、アメリカ国民は強い衝撃を受ける。いわゆる「スプートニク・ショック」である。

ケネディー大統領はアメリカの威信を取り戻すため「アポロ計画」をぶち上げ、宇宙開発が一気に加速した。その恩恵を受けて成長したのがフェアチャイルドに代表される半導体メーカーである。

アメリカ政府は宇宙開発でソ連を上回るため、常に最高性能の半導体を求めた。ソ連に勝てるのであれば、コストは問われなかった。わずかでも成功品があれば、不良品を作るためにかかった膨大なコストを、丸ごと代金として請求することができた。当時、アメリカの半導体メーカーが作っていたＭＯＳの歩止《ぶど》まりは２％程度。１００個作ってようやく使えるチップが２個という惨状だったが、軍が求める性能さえ出ていれば、98個を捨ててもちゃんと利益は出た。

一方、民生用の半導体ビジネスは、つまるところ「歩止まり」の勝負である。作ったウエハーやチップの不良品をどこまで減らせるかが利幅を決める。

採算度外視の「楽な商売」に慣れたアメリカの半導体メーカーは、佐々木が熱心に電卓の将来性を語っても、「安い民生品など、いくらやっても儲《もう》からない」と見向きもしなかった。

（アメリカでもダメか）

佐々木は最後の望みを託してロサンゼルス郊外アナハイムにあるノースアメリカン・ロックウェルを訪ねた。前身のノースアメリカンはP‐51マスタング戦闘機を作っていた軍需企業で、のちにアポロが月面着陸した時の司令船やサターン・ロケット用のエンジンを作った会社である。

佐々木が部屋に入ると、エレクトロニクス部門の子会社、オートネティクスの社長、フレッド・アイストン、営業担当副社長のチャーリー・コヴァック、財務担当のドン・ビールら半導体部門の幹部が待っていた。

社長のアイストンは身長190センチの大男。小柄な佐々木と握手するには腰をかがめなくてはならない。佐々木は気合負けしないように胸を張り、反《そ》っくり返るような姿勢で右手を差し出した。

佐々木はアメリカで複数の半導体大手企業を回る間に、ロックウェルが従業員のレイオフ（一時解雇）を検討している、という情報を摑《つか》んでいた。米ソの軍拡競争はそれぞれの国の財政を危うくするところまで過熱し、「デタント（緊張緩和）」を模索する動きもあった。

佐々木はこう言った。

「経営はバランスです。軍需は確かに利益率が高いかもしれませんが、防衛予算は政治状況次第で変わる。今から民生をやっておかないと、いざという時に経営がおかしくなりますよ。私が前にいた神戸工業という会社も軍需に頼りすぎ、他社に買収されてしまいました。そこで電卓です。MOSを使えば電卓は飛躍的に安く小さくなり、世界中の人々が使うようになる。そうなれば莫大な利益が見込めるのです。ロックウエルがMOSを作ってくれれば、我々は世界の電卓市場を席巻することができるでしょう」

アイストンは「なるほど」と頷《うなず》き、静かに尋ねた。

「ドクター・ササキ、電卓が有望な市場であることはわかりました。私が知りたいのはビジネスの規模です。早川電機はロックウェルにいくらの注文をくれるのでしょうか」

佐々木はまっすぐにアイストンの目を見つめ一呼吸おいてから言った。

「サーティー・ミリオン・ダラー」

「……」

反応がないので、佐々木はもう一度、一語ずつ区切って、ゆっくりと言った。

「サーティー・ミリオン・ダラー」

「ヒュー」

コヴァックが口笛を吹いた。アイストンとビールの顔も上気している。3人は額を寄せ合って、ひそひそと話し始めた。

（食いついた！）

3人の様子を見て佐々木は勝利を確信した。1ドル＝360円の時代だから、日本円にして100億円超の発注である。早川電機の資本金をはるかに上回る金額だった。

しばらくすると、冷静さを取り戻したアイストンが聞いた。

「ドクター・ササキ、すごい金額だが、いったい何個のチップが必要なんですか」

佐々木は言った。

「スリー・ミリオン・チップス」

「ヒュー」

コヴァックがもう一度、口笛を吹いた。今度の口笛にはどこか皮肉な響きがこめられていた。1個10ドル。ロックウェルが軍に収めているMOSの数十分の一である。

3人は再び、ひそひそ話を始めた。

佐々木は目を閉じてじっと待った。ロックウェルは最後の望みだった。反応も一番いい。ここがダメなら、他に頼める所はないだろう。あとは3人が出す結論を待つしかない。

1時間経《た》っても議論はなかなか煮詰まらない。ようやく話し合いの輪が解け、アイストンが佐々木の方に向き直った。

「ドクター、大変魅力的な話だが、今回はお引き受けしかねる。民需の開拓が必要だという考え方は我々も同じだが、ドクターが求められる数と値段を実現する力が、今の我々にはない」

佐々木は天を仰いだ。ポケットに入る電卓が、八百屋のおかみさんが使えるコンピューターが、あと少しで作れるところまで来たのに、可能性の扉が目の前で閉ざされた。

(日本に帰ったら辞表を書かねばならんな)

徳次と佐伯の顔が浮かんだ。今頃、不眠不休で設計をしているであろう浅田と鷲塚の顔が浮かんだ。補助金を付けてくれた通産省の課長にも詫《わ》びなくてはならない。自分の夢のために、あまりにも多くの人を巻き込みすぎた。

椅子《いす》から立ち上がれない佐々木に、アイストンが手を差し伸べた。

「ドクター、わざわざ日本から来てもらったのに、申し訳ない。どうか悪く思わないでください」

佐々木はアイストンの大きな手を握り返した。

「いや、ビジネスですから。それがあなた方の経営判断なら、仕方がありません」

佐々木は精一杯の強がりで笑顔を作った。

3人は佐々木を見送るため、タクシーが待つ車寄せのところまで付いてきた。佐々木が礼を言って車に乗ろうとすると、アイストンが聞いた。

「帰りのフライトは」

「明日の午後。ロサンゼルス空港からです」

「そうですか、ではお気をつけて」

もう一度、握手をして二人は別れた。

次の日の午後、佐々木はロサンゼルス空港にいた。辞表を出した後のことを考えようとするのだが、何も思い浮かばない。それほど佐々木は電卓にかけていた。

(失意のどん底とは、こういうことか)

空港のロビーにあふれる人々をぼんやり眺めていると、場内のアナウンスが耳に入った。

「ミスター・タダシ・ササキ。ミスター・タダシ・ササキ。受付カウンターまでお越しください。繰り返します、ミスター・タダシ・ササキ」

（会社で何かあったか）

自分がここにいることを知っているのは早川電機の社員だけだ。携帯電話などない時代だから、几帳面《きちょうめん》な佐々木は海外出張に出る時、細かいスケジュールとホテルや空港の電話番号を全て秘書に伝えていた。

小走りで受付に行き、受話器を取った。

「もしもし」

てっきり日本からの電話だと思って日本語でしゃべると、受話器の向こうから英語が返ってきた。コヴァックだった。

「ああ、ドクター・ササキですか。間に合ってよかった。今、そちらに会社から迎えのヘリを送りました。申し訳ないが、そいつで戻って来てください」

「一体なんですか」

「それはフレッドに聞いてください」

そう言うとコヴァックは電話を切った。

（どういうことだ）

事態が飲み込めず、呆然《ぼうぜん》としていると、受付にヘリのパイロットが迎えに来て、佐々木の荷物を運び込んだ。爆音を立ててヘリが離陸するとパイロットが言った。

「ここから会社まで30分のフライトです。景色をお楽しみください」

今更、遊覧飛行でもないだろう。アイストンは何を考えているのか。ロサンゼルスの街並みを見下ろしながら、佐々木はあれこれ考えた。


ヘリは、きっかり30分でロックウェルの本社についた。20時間前までここにいたと考えると、佐々木は少し不思議な気持ちがした。ヘリポートで待っていたアイストンは、佐々木を見ると手を大きく広げて近づいてきた。大きな手で佐々木の手を握ると、満面の笑みでこう言った。

「アイ・チェンジド・マイ・マインド（気が変わりました）」

「えっ？」

佐々木がぼんやりしていると、アイストンはもう一度、一語ずつ区切って、ゆっくりと言った。

「アイ・チェンジド・マイ・マインド」

「おおっ」

佐々木はようやく状況を理解した。その様子がおかしくて、二人で大笑いをした。

アイストンは最初から佐々木の提案に惹《ひ》かれていた。だがその場でコヴァックやビールを説得できなかった。「時間があれば二人を説得できるかもしれない」と考えたアイストンは、念のため、別れ際《ぎわ》に佐々木のフライト時間を聞いたのだった。

「さあ、中でビジネスの話をしましょう」

アイストンは佐々木の肩を抱くようにして、本社ビルに入っていった。

新米技術者、MOS-LSIに挑む

佐々木がMOSを作ってくれる半導体メーカーを探してアメリカを奔走している頃、大阪・西田辺の早川電機本社では、入社2年目の新米技術者が電子回路と格闘していた。

吉田幸弘《ゆきひろ》。同志社大学の工学部を卒業し、1965年に入社した。この年、早川電機は極度の業績不振に陥り、春闘は大荒れになった。1ヶ月の大闘争が繰り広げられ、新卒の吉田は入社から2ヶ月「試用員」に留め置かれた。

「あんな危ない会社に行くことはない」と同級生は口をそろえたが、「わしは長男やから、実家から近い会社がええねん」と吉田は取り合わなかった。

黒縁メガネをかけた痩《や》せっぽちの若者は上司や先輩の言うことを全く聞かず、入社早々「変人」のレッテルを貼《は》られた。国語が大の苦手で運動も嫌い。ただし、数学と物理にはめっぽう強く、時に天才的なひらめきを見せた。その才能を買われ、「変な新人」は浅田や鷲塚がいる第六研究室に配属された。

1966年のある日、リーダーの浅田が言った。

「ドクターが通産省から予算を取り付け、我が社もMOS－LSIの開発に乗り出すことになった。これから回路設計を始めるが、やりたい奴《やつ》はいないか」

浅田は若い技術者の顔を見渡した。みんな下を向いてもじもじしている。少しでも半導体をかじった人間なら、MOSが鬼門であることを知っている。

すると列の後ろで、控えめに手を挙げている男がいた。吉田だった。

「吉田か。お前まだ2年目やろ。他におらんのか」

皆うつむいて、浅田の顔を見ようとしない。

「まあええわ、そんなら吉田、お前がやってみい」

「若すぎる」と思ったが、考えてみれば、そもそも無茶なプロジェクトである。常識に凝り固まったベテランより、吉田くらい若くて無鉄砲な人間の方が向いているかもしれない。浅田は、吉田がときどき見せる「ひらめき」に賭《か》けてみようと思った。

この日から、吉田は本社3階にある研究室にこもった。部屋から出てくるのは、東京に出張する時だけだ。行き先は東京・小平市にある日立製作所武蔵工場。ここに「同志」がいた。

大野稔《みのる》。名古屋大学の大学院を出て入社した大野は、日立が日本電気に対抗するため会社を挙げてバイポーラのトランジスタを開発している時、たった一人でMOSの研究を続けていた異端児である。

大野は「バイポーラより構造が単純な分、将来性はMOSに分がある」と踏んでいた。佐々木の「独身寮」と同じ発想である。だが「ローレライの魔女」を恐れる経営陣は、開発リソースをバイポーラに集中した。一人MOSに固執する大野は社内で「変わり者」のレッテルを貼られた。吉田と同じである。

大野は1963年、ほぼ独力でMOSトランジスタの試作品を完成させた。周波数25kHzという、今から見れば笑ってしまうほど処理速度の遅いトランジスタだったが、MOSには違いなかった。

だが大野の努力は会社で全く評価されなかった。世界の半導体大手が開発に四苦八苦していた最先端のトランジスタをたった一人の若者が作ってしまったのだから、今思えばとんでもない快挙なのだが、当時の日立にはその意味がわかる者が一人もいなかった。

大野が作ったＭＯＳが日の目を浴びるのは２年後の１９６５年秋。アメリカの学会で世界最大の電機メーカー、ＲＣＡの幹部が大野の論文を激賞したのがきっかけだった。それでも日立を含む日本の半導体メーカーはＭＯＳに見向きもしなかった。米国では先駆者である大野は一躍、「時の人」になり、ＭＯＳを「ミノル・オオノ・セミコンダクター」の略だと本気で信じる者までいた。

ミッション・インポッシブル

会社になんと言われようと、自分が正しいと信じたことをやる。そんな大野の生き様に憧《あこが》れたのが吉田である。「ＭＯＳ－ＬＳＩで電卓を作れ」というインポッシブル（不可能）なミッションを与えられた吉田は、自分より先に不可能を可能にした大野を尊敬した。二人はＭＯＳの実用化という共通の目的で結ばれた同志だった。

吉田はなけなしの研究費で、大野が作ったＭＯＳトランジスタを４０００個買った。四則演算の回路を作るのに必要なＭＯＳは４０００個。

「大野さんのＭＯＳだから大丈夫や」

大野に絶大な信頼を寄せる吉田は、不良品が混じっていることを想定せず、きっかり必要な分しか買わなかった。

西田辺の研究室にこもった吉田は、3日3晩徹夜して、4000個のMOSトランジスタを50センチ四方の基板、10枚の上に配置した。すべて手作業である。4000個のトランジスタがひしめく迷路のような回路で、一つでも配線ミスをすれば電卓は正常に動かない。

体育館の床にドミノを並べる要領で50センチ四方の基板の上に正確にトランジスタを置いていく。気が狂いそうな作業である。

途中で尿意を催した吉田は、トイレに行こうと思って立ち上がった。ところが気持ちはドアに向かっているのに足は窓の方に動いてしまう。

(あかん、頭と体が別々になっとる)

まるで幽体離脱の状態だ。

3日目の明け方、最後のハンダをつけ終わると、吉田は震える手で電源を入れた。MOSに不良品があったり、配線ミスがあったりしたら、電卓は動かない。4000個をもう一度、並べ直してある。

スイッチを入れると、緑色の蛍光表示管が明るく光った。加、減、乗、除。すべての演算は正確に行われた。

「さすが大野さんのMOSや」

4000個のトランジスタに一つの不良品もなかったことに吉田は感嘆した。だが、その4000個をつなげる論理を組み立て、ノーミスで配線したのは吉田自身の快挙だった。

佐々木がアナハイムでオートネティクス社長のアイストンを口説き落としたのと、吉田がMOS-LSI電卓の原寸模型《モックアップ》を完成させたのはほぼ同時期のことである。

ロックウェルは早川電機が本当にMOS-LSIを使った電卓を作れるかどうかを確かめるため、技術開発の責任者を日本に送り込んだ。

タカシ・ミッツ・ミツトミ。マサチューセッツ工科大学（MIT）卒でロックウェルの技術担当役員をしていたミツトミは、ハワイ生まれの日系人だった。日本語はカタコト程度しか話せなかった。鍛えられた肉体と刈り込んだ頭髪は、まるで軍人のようで、所作もきびきびと無駄がなかった。

西田辺の研究室を訪れたミツトミは、吉田が組み上げたモックアップを見て驚愕《きょうがく》した。

「これを、君が作ったのか」

ミツトミは体の厚みが自分の半分くらいしかない痩せっぽちの吉田をまじまじと見

た。吉田がこくりと頷くと、「信じられない」という様子でかぶりを振った。

アメリカでも、まだ軍需でごくわずかしか使われていない最先端のMOS-LSIを、敗戦国の日本の若者が使いこなしている。それはミツトミにとって信じられない光景だった。

戦争中、ミツトミは自分の体の中に流れる日本人の血を恨んだ。「敵国人」と見られることを恐れ、白人よりアメリカ人らしくなろうと、体を鍛えた。

(経済力でも技術力でもはるかにアメリカに劣るくせに、身の程知らずの戦いを挑んだ愚かな国)

戦争に勝った後は、他のアメリカ人と同じように、ミツトミも日本を見下した。

だがどうだ。アメリカに完膚なきまでに叩きのめされた日本の若者が、スタンフォード大学やMITを出たトップレベルのアメリカ人技術者と同等、いやそれ以上の仕事をやっているではないか。

(よくぞ、ここまで)

ミツトミは、戦後日本が奇跡の復興を遂げた理由がわかった気がした。

(彼はきっと、粗末な設備であらん限りの知恵を絞り、血の滲《にじ》むような努力でこの回路を作ったのだろう。日本人はこうやって、ラジオやテレビや自動車を作っているの

か)

生まれて初めて、自分の体に流れる日本人の血を誇らしいと思った。吉田が組み上げたモックアップにいつまでも見入っていた。

技術の価値、技術者の価値

数ヶ月後、吉田は浅田に呼ばれた。

「吉田くん。君、しばらくアメリカに行ってくれ」

「僕、英語できませんよ」

「いいから。ロックウェルのご指名だ。あのモックアップを作った男をよこせ、と言っている」

「はあ」

吉田は家に帰ると、世界地図を引っ張り出して、アナハイムの位置を確認した。

(ここか、えらい遠いところやな)

日本からおよそ1万キロメートル。海外はおろか飛行機にも乗ったことがない吉田には想像できない距離だった。

吉田がアメリカに旅立ったのは1968年の2月。当日は大阪伊丹空港に第六研究室の同僚が何人も駆けつけ、万歳三唱をしてくれた。海外出張が珍しかった当時はこれが当たり前の光景だった。前の日に香港《ホンコン》から台湾に向かうボーイング727型機が墜落し乗員乗客21人が亡《な》くなる事故が起きたこともあり、吉田は不安そうにタラップを登った。

飛行機は伊丹から羽田に飛び、そこからハワイまでが7時間。ここで給油し、ロサンゼルスまでが5時間。空港に着くと、ミツトミが出迎えてくれた。

ミツトミの大きな水色のビュイックはサンタナ・フリーウェイ5を南に向かって走り出した。

(なんちゅう国やねん)

片側5車線のフリーウェイに車が溢《あふ》れている。ロードサイドにはレストランやガソリンスタンドが立ち並び、派手なネオンサインが並んでいる。物質文明ここに極まり、という光景だった。

ミツトミのビュイックは「サドルバック・イン」という高級ホテルの前で止まった。

「長期滞在用のアパートを見つけるまで、ここに泊まってくれ」

吉田を降ろすと、水色のビュイックはフリーウェイに戻っていった。

ホテルの部屋は大阪で吉田が暮らしている部屋の何倍も広かった。大きなベッドのどこで寝たらいいのかわからない。

（ここまで豪華だと、逆に落ち着かん）

幸い、ホテル暮らしは1週間で終わり、吉田はミットミが探してくれた手ごろなアパートに移った。

右も左もわからない吉田の面倒を見てくれたのはミットミの妻、アミだった。ミットミと同じくハワイ出身の日系人で、買い物から観光まで、何くれとなく世話を焼いてくれた。

自動車免許を持たない吉田は、アパートからロックウェルの本社まで4キロの道のりを、毎日1時間かけて歩いた。

出社初日には、厳重なセキュリティーに驚かされた。ゲートが二重になっており、それぞれに守衛がいる。

（これが冷戦を戦っている国の軍需産業の姿か）

ゲートではカバンの中身を全て出し、危険物やカメラを持っていないかチェックされた。

週末、カリフォルニアの人々を見習って短パンで会社に行くと「そんな格好では入れられない」と追い返された。

ロックウェルでの吉田の仕事は、電卓用のMOSを開発することだ。パートナーになったのはA・B・キングズベリーという26歳の技術者だった。モルモン教徒のキングズベリーは酒もコーヒーも飲まない。いつも地味なシャツを着て静かに微笑《ほほえ》む青年だった。

そのキングズベリーが一度、トランジスタの話を始めると、別人になった。名門パデュー大学を優秀な成績で卒業したキングズベリーは「フォーフェイズ（四相）クロック」という、とんでもない演算ロジックを自在に繰った。クロックは計算の周期。時間を4分の1ずつずらして4本のクロックを走らせるのが四相である。

通常の演算ロジックはツーフェイズ（二相）だが、それでも、一つの相を動かす時に、もう一つの相の動きを予想しながら回路を設計するのは簡単ではない。フォーフェイズはそれを四相で同時に考えるのだ。難しさは4倍ではなく、4乗になる。

（どんな頭をしとるんや）

数学的なセンスなら人後に落ちない吉田だが、原理を理解した後も、それを使って電卓の回路を設計する段階に入ると頭がこんがらがった。キングズベリーは黒板に回路図を書きながら説明したが、話し終わると、まだ吉田がノートを取っているのに消してしまう。ロックウェルの技術者たちは、機密漏洩《ろうえい》を防ぐため「書き残さない」ことを習慣づけられていた。

「ちょっと待ってくれ」と頼んでも、キングズベリーは、申し訳なさそうな顔をしつつ、書いたそばから消した。意地悪をしているのではなく、吉田以外の誰かに見られたり、盗撮されたりするのを防ぐためだった。

その代わり、キングズベリーは吉田をしばしばキャンプに連れ出した。キングズベリーの妻や子供たちとバーベキューを囲みながら、吉田は四相クロックについてしつこく聞いた。監視の目がない大自然の中で、キングズベリーは吉田が納得するまで講義を続けてくれた。

それにしてもこんな頭のいい男をロックウェルは一体いくらで雇っているのだろう。野暮だと思ったが、好奇心を抑えきれず、吉田はキングズベリーの月給を尋ねた。キングズベリーは少し困った顔をしたが、仕方ない、という様子で教えてくれた。

「テン・サウザンド・ダラー・パー・マンス」

「えぇっ」

月給1万ドル、つまり360万円。吉田の月給は2万5000円である。キングズベリーは実に吉田の144倍の給料をもらっていた。

(この国は技術の価値をよく知っている。技術者の価値も知っている。だからすごい

技術がどんどん出てくる。日本は技術者の地位が低すぎる）

金には執着しないたちの吉田だったが、地位《ステイタス》の差が悔しかった。日本の会社で偉くなるのは技術者ではなく管理者だ。戦後復興の陰には何万、何千の無名の技術者たちが流した汗があるが、それが報われることはほとんどない。

ある日、ロックウェルの研究室で吉田がミットミやキングズベリーと話していると、50代後半の白人が部屋に入ってきた。ミットミとキングズベリーはすぐに椅子から立ち上がり、一歩下がってその男の話を聞いた。

（自分の144倍の給料をもらうキングズベリーがこれほどかしこまるのだから、きっとすごい技術者にちがいない）

吉田はそう思った。男は四相クロックの考案者、ボブ・ボーアその人だった。ボーアが編み出した四相クロックの「ボーアズ・アプローチ」はその後、パソコンなどの頭脳になるマイクロプロセッサーの原型だ。

キングズベリーたちロックウェルの技術者は、複雑な回路を設計するために「コンピューターセンター」と呼ばれる施設を使っていた。そこにはIBMの最新鋭、大型汎用《はんよう》コンピューター「システム360」が何十台も並んでいた。ロックウェルの技術者たちは、広大な敷地を電動カートに乗って移動した。彼らはここで半導体設計のシミュレーションをしていたのだ。

吉田は、ここに来る前、自分がハンダゴテを握ってこもっていた早川電機の研究室を思った。

(俺が汗だくになってハンダゴテを使っていた時に、こいつらはこんなところで設計をしていたのか)

単身でアメリカ・ハイテク産業の奥の院に乗り込んだ吉田は、あまりの彼我の差に気が遠くなる思いだった。

「ロケット・ササキ」という称号

別の日、ロックウェルで働くもう一人の日系人、カガワが吉田に言った。

「ヨシダ、君にいいものを見せてやろう」

カガワは自慢の箱型ダットサンに吉田を乗せ、ネバダ州の砂漠に連れ出した。

(こんなところに連れてきて何を見せようというんだ)

吉田が怪訝《けげん》な顔をしていると、カガワがある方向を指差した。

少し遅れて凄《すさ》まじい轟音《ごうおん》が響き、空を焼くような炎が上がった。音と炎の発信源は1キロほど先と思われたが、この世のものとは思えない光景だった。

「カガワさん、今のは何ですか」

「驚いたかヨシダ。サターンの噴射実験だよ」

サターン5型はアポロ宇宙船の打ち上げロケットである。ロックウェルはアメリカ航空宇宙局（NASA）からサターンや月着陸船の開発を請け負っており、吉田が加わったチームは月着陸船で使うMOS-LSIの開発も担当していた。

「つまり、お前さんがキングズベリーと作っているチップは、あいつを飛ばすのに使われるってことだ」

「へえー」

吉田は他人事《ひとごと》のように感心した。

ロックウェルとの共同開発が始まった後、頻繁にアナハイムを訪れるようになった佐々木は、ミツトミから、こんな話を聞かされていた。

人類初の月面着陸を成し遂げたアポロ11号の月着陸船イーグルは、着陸直前に一瞬だけ軌道を外れた。そのまま行けばイーグルは月面に叩《たた》きつけられるところだったが、異変に気付いた操縦士がとっさに手動操作に切り替えて、難を逃れた。

無事帰還したイーグルのコンピューターを調べたところ、地球から送ったデータが多すぎてシステムがパンクしていた。コンピューターの処理能力を上げるにはトランジスタの数を増やす必要があったが、これ以上、コンピューターが大きくなると人が乗るスペースがなくなってしまう。

その時点の最高性能だったMSI（中規模集積回路）では容積が大きすぎて着陸船に収まらない。容積を増やさず処理能力を上げるためにはMOS－LSIが必要だった。

「ドクター・ササキ、我々は急がねばなりません。次のミッションまで1年もない。それまでにアポロ用のMOS－LSIを完成させるのです。アメリカの威信がかかっています」

ミツトミは真剣な表情で言った。

吉田はMOS－LSIの設計が終わるまで半年アナハイムに滞在し、一旦《いったん》日本に戻ったが、今度は量産ライン立ち上げのため、もう半年、アナハイムに通った。この間、佐々木も頻繁に顔を出し、開発の議論に加わってあれこれアイデアを出した。

開発チームは社内でも「無理だろう」と言われた四相クロックのMOS－LSIを、わずか4ヶ月で完成させた。MOS－LSIを搭載したアポロ12号は、新たな人類の一歩を刻んだ。

MOS－LSIの共同開発は終始、佐々木のペースで進んだ。ロックウェルの技術者たちは、議論の最中に発想があっちこっちへ飛び、突然、とんでもないことを言い出す佐々木に手を焼いたが、その発想の豊かさには舌を巻いた。

「戦闘機のスピードではササキには追いつけない。ロケット・ササキだ」

以来、佐々木はロックウェルの人々に「ロケット・ササキ」と呼ばれるようになった。

佐々木が日本に帰る時、ロックウェルの技術者たちはスーツ姿の佐々木が早川電機のブランドである「SHARP」と書いたロケットにまたがり、宇宙を飛び回るイラストを佐々木に贈った。

こうした功績を認めたNASAは1971年、佐々木に「アポロ功労賞」を贈ると打診してきた。佐々木はロックウェルを通して、NASAにかけあった。

「功労賞は嬉《うれ》しいが、自分一人がもらうと、会社での立場が難しくなる。シャープにも賞をくれないだろうか」

大きな仕事をした役員がよそから表彰されて、なぜ会社での立場が難しくなるのか、NASAの人々には理解できなかったが、「ササキがそう言うのなら」と、佐々木個人とシャープのために二つの勲章を用意した。

ポータブル電卓誕生

ＭＯＳ‐ＬＳＩは極めてデリケートな部品だった。組み立てている最中に作業員の体の静電気に「パチン」と感電すると、もう使い物にならない。作業員は両の手首に静電気を逃がすためのアースを巻いて組み立てラインに並んだ。「囚人みたいだ」と不評だったが、仕方なかった。

だが、ついにフェアチャイルドセミコンダクターがＭＯＳ‐ＬＳＩの不良品発生の原因がナトリウムにあることを突き止めた。発生源は人間の汗である。原因がわかれば対策は簡単だ。作業員は手錠から解放された。

ロックウェルで量産されたＭＯＳ‐ＬＳＩは日本に輸出され、早川電機の工場で電卓に組み立てられた。

そして１９６９年12月、早川電機は満を持して世界初のオールＭＯＳ‐ＬＳＩ電卓「ＱＴ‐８Ｄ」を発売する。

四つのＭＯＳ‐ＬＳＩを搭載したＱＴ‐８Ｄの重さは１・４キログラム。価格は９万９８００円だった。

３年前に発売したＩＣ電卓「ＣＳ‐31Ａ」の重さが13キログラム、価格は35万円である。重さ10分の１、価格は３分の１以下になった。これがＭＯＳ‐ＬＳＩの威力である。

無理矢理ねじ込めば、背広のポケットに入らないこともない。ついに電卓は「卓上」から「ポータブル」に進化した。

「アポロの申し子」

早川電機はアポロ宇宙船のブームにあやかるキャッチフレーズでQT－8Dを大々的に売り出した。テレビコマーシャルでは「アポロが生んだ電子技術。生まれました電子ソロバン」とナレーションが入り、サラリーマン風の男がポケットからQT－8Dを出す。

「君は遅れていないか」

CMの男は、そう言って視聴者を煽《あお》った。

ここから5年間で日本の電卓普及率は数%から50%近くまで高まる。ついに、早川徳次が目指した「一人1台」の時代が到来したのである。

フェアチャイルドが「ローレライの魔女」を退治して品質を安定させる手法を編み出したことで、日本の半導体メーカーは一斉にMOS－LSIの量産に入った。早川電機にも各社から売り込みが殺到した。

だが早川電機はロックウェルと独占契約を結んでおり、他社への生産委託はできない。キヤノンもアメリカのテキサス・インスツルメンツにLSIの生産を委託した。

この時期、日本の半導体輸入が急増している。

最大の顧客である電卓メーカーに相手にされない日本の半導体メーカーは、不満を募らせた。

「日本企業なのに米国製の半導体ばかり使うのはけしからん」

半導体メーカーの間で「佐々木バッシング」が始まった。彼らの言い分はこうである。

「佐々木は通産省の補助金を使ってMOS-LSIを開発しておいて、量産の段階になるとアメリカの会社に生産を委託してしまった。QT-8Dで空前の利益を上げているくせに、日本の半導体メーカーには発注しようとしない。あいつは国益を考えない国賊だ」

佐々木は怒った。

「量産してくれと頭を下げた時に、見向きもしなかったのはあなたたちの方だ。今頃になって作らせろとは虫が良すぎる。国賊扱いは許さない。陰でこそこそ言っていないで、表で堂々と議論しようではないか」

佐々木は通産省の課長に掛け合い、自分を国賊扱いしている半導体メーカーのトップとの公開討論を申し入れた。

討論当日、佐々木は課長が指定した部屋に早々と乗り込み、相手を待った。結局、その日、半導体メーカーのトップは「急な仕事ができた」と言って姿を現さなかった。

「足を止めたら負ける」

早川電機はロックウェルのMOSを買い続けた。仕方がないので、日本の半導体メーカーは早川電機、キヤノン以外の電卓メーカーにMOSを売り込んだ。

カシオ、東芝、日立、三洋電機、ソニー、松下電器産業、立石電機（現オムロン）、日本計算器販売（現ビジコン）、ブラザー、リコー、コクヨ。「一人1台」の時代に突入した電卓市場には、様々な企業が参入し、群雄割拠の様相を呈していた。

激しい競争の中、早川電機はQT－8Dで頭一つ抜け出していたが、佐々木は「2年もすれば追いつかれる」と現場を叱咤《しった》し続けた。

「同じものを作っていたら、すぐに泥沼の価格競争に引きずり込まれるぞ」

「足を止めたら負ける」。佐々木は常にこの感覚で事業を動かしていた。どんなにシェアを取っても、次への備えを忘れてはいけない。それがデジタルの世界で生きるものの運命《さだめ》であることを佐々木は知っていた。

その頃、早川電機の本社がある大阪は「日本万国博覧会」で盛り上がっていた。1970年3月から半年間、大阪・吹田市千里丘陵で開かれる万博は、アメリカに次ぐ世界第2位の経済大国になった日本の繁栄ぶりを世界に示す一大イベントである。「人類の進歩と調和」をテーマにする万博には、QT－8Dとゆかりのあるアポロ宇宙船が持ち帰った「月の石」も展示される。

大阪を代表する企業の一つである早川電機もパビリオンを出すことになっていた。出展費用は15億円。決して安くはないが、営業部門は「早川電機の名前を世界に轟《とどろ》かせる絶好のチャンス」と考えていた。

しかし佐々木は役員会で、早川電機の万博出展に反対した。

「日進月歩の電子産業で生き残るには、いつまでも外部の会社に半導体を作ってもらうわけにはいきません。早川電機は自前で半導体の研究開発施設と半導体工場を持つべきです」

「ドクター、我が社にそんなお金はありませんよ」

営業担当の専務が言うと、佐々木が反論した。

「万博出展の15億円があるじゃないですか。この金で半導体工場の用地が確保できます。候補地は考えてあります」

「何を言い出すんだ。万博の出展を取り消すなんて。そんなことをしたら、早川電機は関西財界の笑いものだ。国を挙げてのイベントを、今更キャンセルなどできるものか」

佐々木は食い下がった。

「たった半年で更地に戻るパビリオンと、早川電機の将来の礎《いしずえ》になる半導体工場と、どちらが大切ですか」

「だったら半導体は万博の後でいい。とにかく今は万博だ」

「いや、今です。ここで投資しなければ、早晩、並み居るライバルに追いつかれ、追い抜かれます」

目を閉じて議論を聞いていた徳次が、激昂《げっこう》した二人を、まあまあ、と制した。

「万博も大事だが、技術はもっと大事だ。出展辞退は一時の恥。私が頭を下げればすむ話だ。ここは佐々木さんの言う通りにしましょう」

深々と頭をさげる佐々木に徳次が聞いた。

「で、佐々木さん。候補地というのはどこですか」

「奈良県の天理市です」

最初は別の土地を候補にしていたが、調べてみると墓地の跡地であることがわかり「縁起が悪い」というので天理にした。大阪と名古屋を結ぶ西名阪道路から近い場所で、物流に適していた。

造成を始めると敷地内で古墳が見つかり、研究所と工場は古墳を囲むようにして建てられた。

「墓地を避けたら、もっと大きなお墓が出てきたねえ」と徳次は笑った。

千里から天理へ。

こうして、その後の早川電機の発展を決定づける大きな経営判断が下された。

佐伯旭のクーデター

日本中が「大阪万博」に沸いた1970年。早川電機はもう一つの大きな決断を下した。早川電機からシャープへの社名変更である。

「シャープ」は早川電機が海外で販売するラジオやテレビに使ってきたブランド名である。徳次が考案した「エバー・レディ・シャープ・ペンシル」すなわち「繰り出し式金属鉛筆」に由来する。海外では「ハヤカワ」より「シャープ」の名前で親しまれていた。

決定を下したのは専務の佐伯だ。役員会で提案し、賛成多数で押し切った。

この時社長の早川徳次は何も言わなかったことになっているが、実はそうではない。役員会の当日、帰宅した徳次は大荒れに荒れた。

「何がシャープだ。あれは私の会社だ。早川電機だ」

一人娘の住江がなだめた。

「名前にこだわるより、会社が良くなれば、それでいいじゃありませんか。業績が良くなったら、また早川に戻せばいい」

それでも徳次の怒りは収まらなかった。

それは静かなクーデターだった。伏線は20年前に張られていた。

日本中が戦後不況に喘《あえ》いだ1950年、早川電機もラジオの在庫を抱え、深刻な資金難に見舞われていた。徳次は会社存続のためメーンバンクの富士銀行に通い、何度も頭を下げた。

「ここを乗り切れば、早川電機は必ず立ち直ります。どうか融資をお願いしたい」

「いくら早川さんのお願いでも、今度ばかりは。どうしても融資をとおっしゃるなら、人員削減をしていただかないと」

「社員は家族同然。馘首《かくしゅ》するわけには参りません。どうかこの早川を信じていただき、ご融資を賜りたい」

「人員削減は融資の絶対条件とお考えください。人員削減なしでお貸しするわけには参りません」

憔悴《しょうすい》して会社に戻った徳次は幹部を集めて話した。

「私には、可愛《かわい》い社員を放り出すことは、どうしてもできない。それが条件だというのなら、いっそ会社を清算しようと思う」

慌《あわ》てたのが労働組合である。

「会社がなくなってしまったのでは元も子もない。人員削減を飲むから、どうか経営を存続してほしい」

土俵際《どひょうぎわ》の労使協調で、富士銀行から融資を取り付け、早川電機は急場をしのいだ。

その直後に朝鮮戦争が始まり、朝鮮特需で会社は息を吹き返した。

徳次が会社存続を諦《あきら》めかけた時、富士銀行や労組と粘り強く交渉を続けていたのが佐伯だった。この時、徳次は借入金の返済のために所有していた早川電機株の大半を手放してしまう。業績が回復した後、それをせっせと買い戻したのが佐伯だった。

その後、徳次は失明軍人を雇用する「特選金属工場」や、共働き・身体障害者の子供を預かる「育徳園保育所」の経営に力を入れ、早川電機の経営は専務になった佐伯に任せるようになる。部課長の人事まで全《すべ》て一人で決めるようになった佐伯は「天皇」と呼ばれ、実質的な社長としての役割を果たしたが、それでも佐伯は10年間、徳次を社長と仰ぎ「ナンバー2」の座に甘んじた。佐伯が耐え続けたのは、大恩ある徳次の「寝首を掻《か》いた」と世間に後ろ指を指されないためである。

満州で両親、兄弟を亡くして孤児になった14歳の佐伯少年が早川家にやってきたのは1931年のこと。商用で満州を訪れていた岩瀬という早川電機の専務が、路頭に迷っていた少年を見つけ、徳次のところに連れてきた。

関東大震災で妻と二人の息子を亡くした徳次は、住江を生んだ2番目の妻とも死別し、当時は3番目の妻、琴子と暮らしていた。早川電機の従業員だった琴子は死ぬまで入籍を拒んだが、住江と佐伯を可愛がった。だが佐伯が大好きな玉子焼きをよく焼いてくれた琴子も、ほどなく病を得て他界する。

徳次は佐伯を息子のように育てたが、その接し方は決して甘くなかった。自分が小学校2年生で奉公に出ている徳次は、佐伯を15歳から早川電機で働かせた。家に帰っても、住み込みの書生のように掃除、洗濯をやらせた。大学にやるつもりはなく、働きながら専門学校に行かせた。

（自分は息子なのか、それとも使用人なのか）

孤児の自分を拾ってもらった大恩と、使用人に近い扱いを受けた恨み。大人になった佐伯は、徳次や早川家に対して複雑な感情を持つようになった。

徳次は部下としての佐伯を誰より信頼した。自分の右腕として、常にそばに置き、経営者としての帝王学を学ばせた。佐伯も努力を惜しまず、徳次の期待に応《こた》えた。しかし、社長になった後も徳次と早川家に対するわだかまりは残った。

社名の変更があったこの年の9月、佐伯は社長に就任した。以後社長を16年間務めシャープを1兆円企業に育てた中興の祖であるにもかかわらず、評伝の類を一つも残していないし、勲章も受け取っていないのは、出自が明らかになるのを嫌ったからだ。

1970年、早川電機はシャープに生まれ変わり、満州で拾われた孤児の佐伯は、ついに名実ともにシャープの最高権力者に上り詰めた。

第六章　電卓戦争と電子立国への道

天才マーケター

１９７１年、電卓市場で再び価格破壊の戦端を開いたのは「伏兵」立石《たていし》電機だった。創業社長の立石一真《かずま》が率いる立石電機は、電卓のすべての機能をたった一つのＬＳＩに詰め込んだワンチップ電卓「オムロン８００」を発売した。

部品点数を大幅に減らしたことで、価格は４万９８００円とした。シャープ「ＱＴ－８Ｄ」の半額である。

ライバル各社は立石電機に追随せざるを得ず、「オムロン・ショック」と呼ばれる激震が業界に走った。電卓メーカーの採算は一気に悪化する。

中でも大打撃を受けたのがカシオだった。忠雄、俊雄、和雄、幸雄の樫尾４兄弟は、机の上に置いた「オムロン８００」をにらみながら考え込んでいた。

この性能、この価格、このサイズを超えなければカシオに明日はない。営業担当の和雄が呟《つぶや》いた。

「1万円だ」

3人がハッとして顔を上げた。和雄が続けた。

「問題は、半年後にシャープが何をやってくるかだ。佐々木さんのことだ、2万円台は覚悟しておいたほうがいい。我々はそれを超えなければならない」

和雄は常に「半年後に佐々木が何をしてくるか」を考えて戦略を立てていた。佐々木の半歩前に出ること。それが経営規模の小さなカシオが電卓戦争で生き残るための絶対条件だった。

「電卓を本当に個人が買えるものにするなら、1万円にしなければならない。オムロン800がいくら安いと言っても、4万9800円ではまだ法人需要が中心だろう。シャープが2万円で来ても、買うのは中堅企業までだろう」

「1万円になれば個人が手を伸ばす。そうすれば100万台は売れる。100万台売れるのなら、規模のメリットで1万円台が可能になる。シャープが10万円を切り、オムロンが5万円を切った。カシオは1万円でいこう。100万台売れなければ、うちは潰《つぶ》れるかもしれないが、座して待っても負けるだけ。これは生きるか死ぬかの大勝負だ」

三人は和雄の言葉に頷《うなず》いた。

「オムロン800」が登場するまでの日本の電卓生産は年に均《なら》せば100万台。つまり和雄は「日本市場を全部取る」と宣言したに等しい。

それでも樫尾兄弟は、和雄の営業センスを信じた。俊雄が「天才発明家」なら和雄は「天才マーケター」である。和雄は「1万円」から逆算してビジネスを組み立てた。1万円で作るための部品。1万円の電卓を売るための販売網。すべてを「最初に1万円ありき」で考えることで、年間100万台を実現する。100万台売れれば、1万円でも利益は出る。一か八かの大博打《ばくち》だった。

だが、すぐに開発部門が音を上げた。

「いろいろ試してみましたが、どうやっても1万円では作れません。2万円ではダメですか」

開発担当常務の志村則彰《のりあき》と羽方将之《はかたまさゆき》は憔悴《しょうすい》しきった顔で訴えたが、和雄は突っぱねた。

「どうしても1万円だ。シャープはきっと2万円でくる。1万円の範囲内で何ができるかを考えてみろ」

志村と羽方は泣きそうな顔で帰って行った。

あえて機能を削る

羽方に突破のヒントを与えたのはアルバイトの大学生だった。当時、若者の間で流《は》行《や》っていたのがボウリングである。バイトの学生は言った。

「ボウリングってスコアの計算が面倒なんですよ。レーンに電卓が付いてれば楽なんだけど、電卓は高いからなあ」

(ボウリングか)

学生の話を聞いた羽方は頭を巡らせた。ボウリングで面倒なのはスペアやストライクの時の計算だが、それなら3桁《けた》あれば事足りる。

(3桁の電卓なら1万円で作れるぞ)

羽方は志村に相談してみたが、志村は「いくらなんでも3桁ではダメだ」と言う。100円台までしか表示できないのでは、とてもビジネスで使えない。

当時の電卓は8桁が主流だった。大企業の経理部門では日常的に1000万円単位の金を扱うからだ。

ならば4桁、いや5桁でどうだ。

議論を進めていくうちに「商店で使うのなら10万円台、6桁でいいのではないか」

という結論に至った。大企業でも課の単位なら6桁で大方の事は足りる。6桁なら工夫をすれば何とか1万円台で作れるかもしれない。

志村と羽方が出した6桁電卓の提案書を見て、和雄は難しい顔をした。

「よそはこれから12桁を出そうとしているんだぞ。それなのにうちは6桁か。本当にそれで売れると思うか」

志村が答えた。

「いろいろ考えましたが、1万円台では6桁が限界です。でも12桁なんて本当にいるんですかね。1000億円ですよ」

「実際に使わなくても、8桁より12桁の方が、立派だろ。それに6桁では10万円台だぞ。いくらなんでも少なすぎる。1000掛ける1000ができないんじゃなあ」

「あ、常務。それはできますよ。この回路は、掛け算なら12桁まで表示できるんです。画面を切り替えて、最初にカミ6桁、その後にシモ6桁を表示することができます。倍長っていうんですけどね」

「なんだと。そんなことができるのか。12桁の計算結果が出せるのか」

「ええ、まあ。いっぺんには出ませんから、ちょっと不便ですけどね」

「バカモン、それを早く言わないか。それで十分だ。すぐ設計にかかれ」

和雄は興奮して叫んだ。

カシオは1972年8月に6桁のパーソナル電卓「カシオミニ」を発売すると発表した。記者会見で配るニュースリリースは当日の朝まで、価格のところが空欄になっていた。

和雄はギリギリまでシャープの動向を見極めようとしていたのだ。問題は何台売れるかだ。コストは販売台数に反比例する。売れれば売れるほど安くできる。だがシャープが追随してくるのなら、採算スレスレでも1万円台の前半の価格で一気に突き放さなければならない。シャープが付いて来られないなら1万9000円でもいい。

和雄は記者会見の会場に到着しても、まだ価格を決めない。控え室でじっと目を閉じている。時折、代理店回りから戻ってきた営業マンが、耳元で囁《ささや》いて最新の情報を入れる。シャープは和雄の読み通り、2万円を切る新製品を準備しているらしい。

会場に記者が集まり始めた頃、ようやく和雄が目を開けた。

「1万2800円でいくぞ」

数人の広報担当者が手分けしてリリースの空欄に「1万2800円」のゴム印を押していく。印が押されたそばからリリースは記者の手元に配られた。

「おおっ」

ゴム印の数字を見て、記者たちが驚きの声をあげる。何せオムロンの4分の1である。シャープを含め、多くのメーカーは追随できないだろう。

「これで勝負あった。カシオの一人勝ちだ」

多くの記者が確信した。

「1万円台の電卓登場」

「ポケットに入る携帯型」

翌朝の新聞はカシオミニに対して概《おおむ》ね好意的な記事を書いてくれた。新聞を読んで、和雄はホッと胸をなでおろした。高機能を競う時代に逆行する6桁電卓は本当に受け入れられるだろうか。「6桁、1万2800円」を決めたのは和雄自身だが、絶対の自信があったわけではなかった。

案の定、価格で追随できないライバル各社は「カシオミニ」をこき下ろした。

「今時6桁など、おもちゃに過ぎん。安かろう悪かろうに踊らされるほど消費者は愚かではない」

技術者のほとんどは、8桁の次は10桁。10桁の次は12桁と、機能を上げていくのが、真の技術競争だと信じていた。「6桁への逆戻りなど、奇策に過ぎない」。そう思い込むことで、自らを安心させようとした。

しかしライバル各社の希望的観測は外れ、「カシオミニ」は発売と同時に凄《すさ》まじい勢いで売れ始めた。

天才マーケターの和雄は、売り方にも周到な工夫をしていた。

企業ではなく個人に狙《ねら》いを定めた和雄は、カシオミニを発売する1年前に、全国46都道府県にある文房具卸のトップ企業を組織化し、電卓販売の代理店網「カシオ・エイト会」を立ち上げていたのである。

1万2800円は電卓としては破格に安いが、鉛筆やノートに比べれば利幅が大きい。予想もしなかった「新商品」の登場に、文房具卸は目の色を変えた。カシオには「うちにも売らせてくれ」という問い合わせが殺到した。

だが和雄は、カシオ・エイト会への加盟を厳しく制限した。加入できるのは各県のナンバーワン・ディーラーのみとした。卸同士が競い合って値引き競争になるのを防ぐためだ。

カシオ・エイト会が機能し始めると、それまで事務機ディーラーを通じてしか買えなかった電卓を全国の文房具店で買えるようになった。そして、文房具店で買える電卓はカシオだけだった。

「答え一発、カシオミニ」

親しみやすく耳に残るテレビCMを日本中の子供達が口ずさんだ。カシオミニは発売から1年半で200万台、3年間で600万台という驚異的な売れ方を見せた。

後を追ったら勝てない

（その手があったか）

カシオミニの大ヒットは、佐々木にとって痛恨の敗戦だった。確かにユーザー本位で考えれば「6桁で1万2800円」は理にかなっている。どんどん桁数を増やし、値崩れを防ぐのは、メーカー側の論理。多くのユーザーにとっては過剰な性能である。そこに気づいた和雄の商才には脱帽するしかない。

（ウチも6桁でいくか）

一瞬、佐々木はカシオに追随することを考えた。だが、4兄弟の勝ち誇った顔が浮かんで、すぐにやめにした。

（後を追うだけでは彼らには勝てない。何か追い越す手を考えないと）

1万2800円で、背広のポケットに入るカシオミニに勝つにはどうしたらいいか。

（ワイシャツの胸ポケットに入る手帳サイズか）

佐々木は早川電機に入社した時に浮かんだ電卓のビジョンを思い出した。胸ポケットに収まり、八百屋のおかみさんが使える電卓だ。

だがMOS－LSIをもってしても、今ある技術で手帳サイズの電卓を作るのは困難だった。二つの大きな障害があった。ディスプレーと電源である。

計算の結果を表示するディスプレーは、ほとんどの電卓メーカーがニキシー管と呼ばれる蛍光管の一種を使っていたが、この装置が小型化の邪魔になった。ニキシー管は、アメリカのバローズという大手コンピューターメーカーが特許を握っており、自分たちで勝手に改良することができない。おまけにバローズがライセンス料を下げてくれない限りは原価も下がらない。

電源は当初、コンセントにつないでいたが、乾電池を使うようになって初めてポータブル（携帯型）になった。だが、乾電池のサイズは決まっており、他の部品をどんなに薄型にしても電池の直径より薄くはならない。ディスプレーと電源。この二つの関所を通り抜けない限り、手帳サイズにはたどり着けないのだった。

佐々木はまず、ニキシー管のライセンス料を下げてもらおうと、バローズの本社を訪れた。シャープは「電卓1台につき、いくら」のライセンス契約を結んでいたが、契約を結んだ時に比べてシャープの生産台数は10倍以上に増えており、バローズには莫大《ばくだい》な利益が転がり込んだ。

一方、激烈な価格競争で製品の小売価格が落ち込んでいる電卓メーカーは利幅が減って青息吐息である。

「電卓メーカーが潰れてしまったら、元も子もないはずだ。あなたたちは、十分に儲《もう》かっているのだから、その利益を顧客である我々にも還元してほしい」

佐々木は「1台につき、いくら」の契約を「年間、いくら」に変えてくれ、と頼んだ。

だが、特許の壁を張り巡らせ、競合相手がいないバローズの役員は強気だった。

「それはそちらの都合だろう。我々は今の契約を変えるつもりはない。嫌なら、ライセンスを打ち切るだけだ」

(自分たちのことしか考えられないのか)

佐々木は唇を嚙《か》んだが、説得に応じる気配は微塵《みじん》もない。

(これは本気でニキシー管以外のディスプレーを探さなくてはならないな)

それもバローズに悟られぬよう動かねばならない、ニキシー管と競合するディスプレーを開発していると知れば、バローズはシャープへのニキシー管の供給を止めるだろう。次世代のディスプレーが完成する前に供給を止められたら、シャープの電卓事業は立ち行かなくなってしまう。

液晶への挑戦

佐々木がディスプレー戦略の出口を探してもがいているちょうどその頃、シャープでディスプレーの開発を担当する和田富夫は、自宅でぼんやりとテレビを見ていた。NHKが海外企業の最前線を紹介する「世界の企業」という番組を流していた。取り上げられたのは世界最大の電機メーカー、RCAである。

RCAの研究開発チームは「液晶ディスプレー」の開発に取り組んでいた。液晶は、1888年にオーストリアの植物学者、フリードリヒ・ライニッツァーが発見した物質である。液体なのに結晶のように分子の並び方に規則性があり、様々な光学的現象を引き起こす。RCAはこの特性を使い、光を透過したり遮蔽《しゃへい》したりすることで、「DSM（ダイナミック・スカッタリング・モード＝動的散乱モード）」というディスプレーを作ろうとしていた。

（ふうん。こんな技術があるのか）

和田は感心して番組に見入った。番組が終わった後もDSMの映像が頭から離れない。少しずつ、頭の中でイメージが膨らんでいく。

(自発光しないディスプレーか。きっと消費電力が少なくて済むんだろうな。構造も単純だ。待てよ。これって電卓に使えないか。ニキシー管よりはるかに薄いディスプレーが作れるんじゃないか)

翌朝、出社した和田は、まっすぐに佐々木の部屋を目指した。

部屋の前に着くと、廊下にはすでに長蛇の列ができている。ドアの横に置いた椅子《いす》に座りきれる数ではなく、ほとんどの社員が立っていた。

(まるで歯医者の待合室だな)

佐々木は、入社当初、雲をつかむような大きな話ばかりするので「ホラ吹き」とあだ名されていた。だが電卓戦争では、佐々木が言った通りにMOS-LSIが主流になった。佐々木が指揮をとる産業機器事業部は、白物家電と並ぶ経営の柱になり、シャープは日本を代表するエレクトロニクス企業の一つにのし上がった。

「ドクターについていけば、間違いない」

いつしかシャープの社員は、佐々木を頼るようになっていた。

日本のみならず欧米の有力エレクトロニクス企業トップや、大学教授、官僚に顔が利《き》く佐々木は、たたき上げの社員ばかりのシャープの中で異彩を放っていた。

「困った時のドクター頼み」

シャープの社員たちは、朝一番から佐々木の部屋の前に列をなし、アドバイスを求めた。

決して途切れることのない佐々木への来客をさばくのは、秘書の田中和子の仕事だった。

田中は佐々木の部屋の壁にかかった大きなホワイトボードいっぱいに面会の要請や電話の伝言を書き込んだ。

会議や面談の合間に部屋に寄る佐々木は、ホワイトボードをちらっと見ると「おお、やっと返事が来たか。田中さん、この会食はフィックスして」

「彼には後でこちらから電話すると言っておいて」

「ああ、あそこにはお礼状を忘れずに」

わずか数分のうちに慌《あわ》ただしく指示を出し、すぐに部屋を出て行く。指示を受けた田中は、テキパキと佐々木のスケジュールを組み替えるのだった。

この日、和田はアポイントメントを取っていなかったが、田中を拝み倒して5分だけ時間をもらった。

和田が部屋に入ると、手紙を書いていた佐々木は、顔を上げて言った。

「おう、和田くん。どうした。急ぎの用事か」

佐々木は一度会っただけの取引先の顔と名前をその場で覚えてしまうほど記憶力がいい。社内の人間、特に技術者ならその人間が今何を開発しているかまで把握していた。

「はい、昨日、テレビを見ていたら、RCAの液晶の話をやっていました。あれをなんとか電卓に使えんもんかと」

「ああ、RCAの液晶な。あれは使い物にはならんという話だぞ」

「はあ、問題はあると思いますが、ニキシー管よりは小さくできそうな気がします。他に候補もないことだし、ダメで元々で、やってみようかと」

「そうか、液晶か。君が言うんなら、一度やってみるか。ああ、田中さん、RCAのボンダーシュミットさんに電話して。向こうはいま何時だ」

（この人は、いつもこんなスピードで仕事をしているのか）

和田はその場でRCAの技術担当役員に電話をかけようとする佐々木の反応の速さに驚いた。それに、この人脈。RCAは世界最大の電機メーカー、ゼネラル・エレクトリック（GE）が設立した電機メーカーで、シャープとでは、メジャーリーグと草野球ほども格が違う。だが佐々木はそのRCAの役員と直接電話で話せる仲なのだ。

（とんでもない人だな）

和田には、佐々木のような男がシャープにいること自体が奇跡に思えた。

1週間後、佐々木はニューヨークのロックフェラー・センターにあるRCAビルにいた。応対に出たのはRCAの技術担当役員、バーナード・ボンダーシュミットである。ボンダーシュミットとは神戸工業時代からの、気心の知れた仲である。

「ドクター・ササキ、今日は何の御用ですか」

ボンダーシュミットは丁寧な口調で聞いた。

「ドクター・ボンダーシュミット、ご存知のようにシャープは電卓を作っています」

「ええ、シャープの電卓はこちらでも有名ですよ。アメリカとしては、電卓も車も日本からの輸入が増えすぎて困っているところです」

嘘《うそ》のつけない男だった。

「それで、ここだけの話ですが、電卓用の新しいディスプレーを探しています。御社のDSM液晶を試してみたいと考えています」

「ニキシー管の代わりにDSMですか。悪いことは言いません。それはお止《や》めになった方が良い。我々もＤＳＭには将来性があると思って、いろいろやってきたのですが、商用化を諦《あきら》めて開発を中断したところです」

「しかし、消費電力はニキシー管に比べて、かなり少なくなるはずです」

諦めきれない佐々木に対して、ボンダーシュミットは申し訳なさそうに説明を続けた。

「確かに光の透過、遮蔽ができる液晶はディスプレーに使えますが、透過できる光が少なすぎて、ぼんやりとしか画像が出ないのです。おまけにディスプレーとしては応答速度が遅くて、画像がなかなか現れない。入力して、しばらくするとゆらゆらと画像が立ち上がる感じで、とても使い物になりません」

それでも佐々木は諦めがつかない。

「ドクター・ボンダーシュミット、我々はわずかな可能性にも挑戦しなければなりません。御社で商品化する計画がないのなら、技術のライセンス契約だけでも我々に与えてもらえないでしょうか」

「無論、使うつもりのない技術ですから、ライセンスはいつでもお出しします。しかしドクター・ササキ、くどいようですがＤＳＭの実用化は難しいですよ」

「ありがとうございます。とにかくやってみようと思います」

ボンダーシュミットは、格安でライセンス契約を結んでくれた。

偶然の大発見

佐々木がDSMのライセンスを持ち帰ると、和田はまるで新しいおもちゃを買ってもらった子供のように喜んだ。

「ありがとうございます、ドクター。こんな最先端のライセンス、高かったでしょうに。きっとものにしてみせます」

「うん、まあ頑張ってみてくれたまえ」

和田があまりに喜ぶので、佐々木はボンダーシュミットがDSMに悲観的だったことも、格安でライセンス契約を結んでもらったことも切り出せなくなってしまった。

（まあ、瓢箪《ひょうたん》から駒《こま》、ということもあるからな）

和田には先入観を与えずDSMをやらせることにした。

ボンダーシュミットが言った通り、DSMは厄介な代物《しろもの》だった。和田は液晶の特性を変えるために、ありとあらゆる試薬を試したが、どうやっても応答速度が上がらない。

（こんなにゆっくりしか答えが読めないんじゃ、ソロバンの方が早い）

和田は、数字がゆらゆら、ゆっくり立ち上がってくるディスプレーを恨めしそうに眺めた。

遅いのも困るが、ぼんやりしか見えないのはもっと困る。和田はとりあえず、輝度を上げることに集中しようと思った。くっきり見えるようになりさえすれば、遅さは許してもらえるかもしれない。ニキシー管よりはるかに薄いディスプレーになるのは間違いないのだから。

和田の下で液晶の実験を担当していたのが告井伸二である。8年前に名古屋の高校を出てシャープに入った告井は、我慢強い寡黙な男だった。

ある日、告井は実験用の液晶の釜《かま》の蓋《ふた》を閉め忘れて帰宅した。翌朝、告井は釜の蓋が開いていたことに気づいた。

しまったと思ったが、怒られるのが怖くて和田に言えなかった。

すると突然、和田が叫んだ。

「おい告井、お前、この釜で何をしたんや」

(やっぱり、ばれたか)

「す、すみません。昨日、釜の蓋を閉め忘れました」

告井が慌てて立ち上がって頭を下げると、和田が言った。

「すみませんと違うがな。これ見てみい、はっきり映っとるで」

「へっ」

「いいからこっちにきて、自分の目で見てみい。白く、くっきり映っとるやろ」

「ああっ」

「な。お前、今、釜の蓋を閉め忘れたって言ったか」

「す、すみません。忘れました」

「すると、一晩中」

「はい、一晩中、開けっ放しでした」

「あかんがな。そんなことしたら、液晶がホコリまみれに……あっ、ホコリか」

DSM液晶に不純物を混ぜると、画像が鮮明になるのではないか。

和田と告井は、様々な不純物を様々な条件で混ぜる実験を続け、ついに最適の「ブレンド」を見つけ出した。

「おい告井、これはいけるぞ。立派なディスプレーになるぞ」

「はいっ」

原理からではなく、経験からたどり着いた大発見だった。

さらに二人は液晶に流す電流を直流から交流に変えると、寿命が飛躍的に伸びることとも発見した。ＲＣＡがなしえなかった液晶の実用化を、たった二人の手で成し遂げたのである。

「やったか」

ＤＳＭ液晶の実用化にめどが立ったことを知ると、佐々木は小躍りして喜んだ。ニキシー管の代わりに液晶ディスプレーが使えれば、手帳サイズに収まるだけでなく、バローズに払っているライセンス料がいらなくなるから、大幅に価格を下げられる。

しかし佐々木は、それだけでは満足しなかった。薄く、軽くに加え、長時間の利用も可能にしようと考えた。目標は単3電池1本で100時間。そのためには消費電力を極限まで減らさなくてはならない。シャープの開発陣は、ＣＭＯＳ（相補型ＭＯＳ）という新しいトランジスタを使い、さらにガラス基板の上に直接インジウムで配線をするという、世界中の誰もやったことのないウルトラＣに挑戦し、ついにその技術を物にした。

電子立国とデジタル・デフレ

１９７３年にシャープが発売した「ＥＬ－８０５」は幅78ミリ、奥行１１８ミリ、厚さ20ミリというポケットサイズで、重さはたったの２００グラム。目標通り、単3

電池1本で100時間、動いた。価格は2万6800円とカシオミニの2倍以上したが、カシオミニ（重さ315グラム、厚さ42ミリ）よりはるかにコンパクトだった。

「そこまでやるか」

ライバル各社は小型化にかけるシャープの執念に恐れをなした。

シャープの技術力を見せつけ、EL‐805は、ライバル各社を恐怖のどん底に陥《おとしい》れた。だがこの製品は「張り子の虎《とら》」だった。

発売と同時に大評判になったが、あっという間に店頭から姿を消した。あまりに新技術を盛り込みすぎたため、まともに量産できなかったのである。もちろん、会社の収益に貢献することもなかった。

だがライバル各社を怖気付《おじけづ》かせる、という意味において、EL‐805は大きな役割を果たした。圧倒的な技術力の差を見せつけて、相手の戦意を喪失させる。それも佐々木の戦略のうちだった。

結果的に、「EL‐805」の投入は電卓戦争における「天下分け目の決戦」になった。EL‐805の液晶ディスプレーやCMOS（相補型MOS）を見たライバル各社は「これ以上はついていけない」と、電卓市場から続々と撤退し始めた。自力で液晶ディスプレーの開発に乗り出してファイティングポーズをとったのは、カシオ計算機くらいのものだった。

だが、そのカシオも、EL-805には脅威を感じ、樫尾4兄弟は「電卓の次」を本気で考え始めた。

1974年、カシオは世界初のフルオートカレンダー機能を搭載したデジタルウォッチ「カシオトロン」を発売する。のちに同社の看板商品となるデジタル腕時計「Gショック」の前身である。

1976年、シャープの電卓開発部隊は、小型化を拒んできたもう一つの課題に対する答えを見つけた。

太陽電池だ。

EL-805の次の機種では単3電池の代わりに松下電器産業が開発したボタン電池を使ったが、それでは稼働《かどう》時間が短くなってしまう。それを補うために、背面に太陽電池をつけたのである。

太陽電池の原理自体は古くから知られていた。しかし費用対効果が悪いため、海上に浮かぶ灯台や宇宙船など、特殊な用途でしか使われていなかった。量産を前提とする民生品に太陽電池を使ったのは、シャープが最初だった。

1977年に発売した太陽電池付き電卓「EL-8130」の重さはわずか65グラム。価格は8500円にまで下がった。

早川電機が1964年に初のオールトランジスタ電卓を発売してからわずか13年で、電卓の重さは384分の1、価格は63分の1になった。

これが電卓戦争の一部始終である。

電卓戦争はなぜ、シャープとカシオの一騎打ちになったのか。

どんなに優れた製品を出しても半年経《た》てば追いつかれる。半年後には、次の基軸を打ち出さないと、生き残れない。技術だけではなく、企画力も問われた。結局、最後までそれをやり切ったのが、カシオとシャープだった。

松下電器産業も日立もソニーも途中で降りた。彼らは電卓で負けても他の事業があった。総合電機の強みだ。だがシャープとカシオは電卓で負けたら終わり。最初から覚悟が違ったのである。

日本の電子産業の礎《いしずえ》を作ったのは電卓だ。その電卓が最も激しく進化した13年間、市場を牽引《けんいん》したのは松下電器、日立といった大企業ではなく、シャープ、カシオという中堅企業だった。カシオには樫尾4兄弟がおり、シャープには佐々木正がいた。

そして、日本製の電卓は世界市場を席巻した。電卓は軍需用の特殊なデバイスに過ぎなかった半導体に量産の可能性をもたらした。1971年に国内で生産された半導体の実に40％が電卓に使われたのである。コンピューター用は26％で、テレビ用は13％に過ぎない。民生用の半導体で主導権を握った日本は、やがて世界のエレクトロニクス産業の先頭に躍り出た。

「職人の技」がものを言い、他社との違いを出しやすかったアナログ時代に比べ、同じチップを使えば誰が作っても同じ性能が出せるデジタル製品は、値段の叩《たた》き合いになりやすい。のちに日本の電機大手はパソコン、液晶テレビなどあらゆるデジタル製品で同じ現象に苦しめられることになる。いわゆる「デジタル・デフレ」である。「電卓戦争」は、電子立国日本の序章であったとともに、デジタル・デフレの先駆けでもあった。

電卓戦争がほぼ終結した1977年の春、一人の男が佐々木を訪ねた。

山下俊彦《としひこ》。この年の2月、創業者・松下幸之助、2代目社長・松下正治の後を受け、松下電器産業の3代目社長になった男である。取締役26人中序列25番目にいた山下がいきなり社長に抜擢《ばってき》されたこの人事を、世間は「山下跳び」と呼んだ。体操ニッポンが金メダルの常連だった時代。跳馬《ちょうば》が得意だった体操選手の山下治広《はるひろ》に引っ掛けての命名である。

その山下が、佐々木の前で汗を拭《ふ》き拭き哀願するのである。

「ドクター、誠に不躾《ぶしつけ》なお願いですが、一度、松下電器で講演してもらえんでしょうか。電卓戦争でなぜ松下はシャープに勝てなかったのか。創業者が『いっぺん佐々木さんに教えてもらえ』と言ってきかないのです」

「そうですか。それは困りましたなあ」

そう言いながら、佐々木は、少し前に会った幸之助とのやり取りを思い出していた。

その日、佐々木は幸之助に呼び出され、大阪の堂島浜にあるクラブ関西にいた。クラブ関西は終戦直後、旭化成社長の堀朋近《ほりともちか》が作った関西経済界及び文化人の会員組織である。ゆったりとしたソファーに腰掛けた幸之助は、佐々木をまっすぐ見ながら言った。

「なあ佐々木さん、こう言っては何やけど、シャープは三流企業ですよ。あなたはそんなところでくすぶっている人間じゃない。うちに来て、思い切り腕を振るいませんかか」

幸之助と佐々木には因縁があった。戦後、佐々木が神戸工業に勤めていた時、米国で知ったトランジスタをいち早く開発し、トヨタ自動車工業にカーラジオを納入した。この時、松下電器もトヨタへのカーラジオ納入を狙っていたのだ。

技術で佐々木に出し抜かれた幸之助は奇策を打つ。松下電器がトヨタの株を持つことを条件に、カーラジオのビジネスを神戸工業から奪ったのだ。以来、幸之助は佐々木に一目置いていた。

「幸之助さんに誘っていただけるのは、身にあまる光栄です。しかし私にはシャープでやるべきことがまだ残っている。ありがたいお話ですが、お受けするわけにはまいりません」

「そんなもん、こっちでやったらいいでしょう」

「いや、早川さんに呼んでいただいたご恩もありますから」

「融通のきかんお人やなあ」

幸之助は、電卓戦争で松下電器が存在感を示せなかったことに腹を立てていた。佐々木の引き抜きに失敗した幸之助は、「なぜ松下が負けたのか、佐々木さんに教えてもらえ」と山下に無茶を言ったのだ。

（競争相手のシャープがそんなことをしてくれるはずがない）

山下はそう思ったが、松下電器において創業者の意向は絶対である。山下は断られることを承知の上で、渋々、門真《かどま》市から大阪・西田辺のシャープ本社に出向いたのだった。

「ドクター、どうか一つ、よろしくお願いします」

山下は佐々木に向かって深々と頭を下げた。

（この人も幸之助さんに言われて、困っているんだろうなあ）

幸之助の気性を知る佐々木は、同情を禁じえなかった。

「山下さん、頭をあげてください。天下の松下の社長にそんなことをされたら、こちらが困ってしまいます。私個人の思いはともかく、会社としての考えもありますから、お返事は後日ということで、今日のところはお引き取りください」

佐々木がそう言うと、山下は何度も頭を下げながら帰って行った。

創業者の度量

数日後、松下電器からの講演依頼がシャープの役員会で話題になった。案の定、佐々木以外の役員は猛反対である。

「敵に塩を送るとはこのことや。今まで散々、煮え湯を飲まされた松下電器に教えることなど何もない。いくら幸之助さんの頼みでも、佐々木さんが行く必要はない」

「そうだ。金にものを言わせ、二番煎《にばんせん》じで荒稼ぎする会社だ。下手に教えたら、こちらがやられてしまう」

いつも売り場で力負けしている営業担当の役員が、ムキになった。

(まあ、そうだろうな。教えて得になることがこちらにはないわけだし)

そう思いながら議論を聞いていると、突然、徳次が立ち上がった。

「だまらっしゃい」

創業者の一括で、会議室は水を打ったように静かになった。

「少しばかり教えたくらいで負けるなら、シャープなどその程度の会社だということです。そんなことで、負けるシャープじゃない。佐々木さん、構いません。行って、存分に話しておやりなさい」

さっきまで文句を言っていた役員連中は皆、下を向いてしまった
(さすがだ)

佐々木は徳次の懐《ふところ》の大きさに感じ入った。

その日、大阪府門真市にある松下電器本社の講堂には、同社の役員、部長級がずらりと顔を並べていた。佐々木は赤い絨毯《じゅうたん》を踏んで演壇に上がった。

（これは、なかなかないシチュエーションだな）

佐々木は社交辞令や駆け引きを一切抜きにして話すつもりだった。それが早川徳次の望みだと思った。

シャープが電卓戦争をどう戦ったか。カシオ計算機との情報戦がどれほど熾烈《しれつ》だったか。液晶を採用するに至った経緯はどんなものだったか。佐々木は包み隠さず素直に話した。

松下電器の役員・幹部は神妙な顔で佐々木の話に聞き入った。話しながら佐々木は二人の創業者の度量を思った。

（「教えてもらえ」と言った幸之助さんもすごいが、「教えてやれ」と言った早川さんもすごい。私は面白い時代を生きている）

そう思うと、真剣に講演しているはずなのに、なぜだか顔がほころぶのだった。

第七章　未来を創《つく》った男

超LSIへ

世界初の液晶電卓「EL‐805」は量産できない「張り子の虎《とら》」だったが、やがてプリント基板が登場すると、ガラスにインジウムで直接配線するようなウルトラCをやらなくても手帳サイズの電卓が作れるようになった。

電卓はどんどん薄く、小さく、安くなり、会社でも家庭でも、机の引き出しを開ければ必ず入っている生活必需品になった。わずか10年で成熟した電卓という新市場は、シャープとカシオが支配していた。シャープにしてみれば、絵に描いたような成功である。

だが佐々木に笑顔はなかった。

(液晶のアドバンテージも、もって2年というところだろう)

1970年代に入った頃から、佐々木は「ポスト電卓」を真剣に考え始めた。

LSIを電卓以外の用途に使う試みは、すでに始めていた。

例えば、テレビのチャンネル。それまで機械式でガチャガチャ回していた丸いダイヤル式のチャンネルを、LSIでボタン式に変えた。

炊飯器にも冷蔵庫にも電子レンジにもLSIが搭載された。カーラジオのチューナーにもLSIが使われ、ボタンを押し込むアナログ式から、軽くタッチするだけで切り替わる電子式に変わった。

街に並ぶ飲料やタバコの自動販売機のボタンもタクシーの料金メーターも、すべて機械式から電子式に変わり、その度にLSIの需要が増えた。

主にアナログ式であるこれらのLSIは「マイコン」と呼ばれ、日本の半導体メーカーの得意分野になっていく。民生用の量産品である電卓に世界で初めてLSIを使ったシャープは、その先頭に立ってマイコンの応用分野を広げていった。

一方で、「ロジック」と呼ばれるデジタル式のLSIは進化の壁に突き当たっていた。

電卓に使うLSIはどんどん集積度が上がり、演算処理に必要なLSIの数は8個が4個、4個が2個、2個が1個に減ってきた。問題は1個の次をどうするかだった。

「1の次は0だが、まさかLSIを使わないわけにもいかないしなあ」

ならば1を小さくしていくしか道はない。そう考えたシャープの技術陣は、LSI

の集積度をさらに上げる「超ＬＳＩ」に取り組むことにした。

ある日、超ＬＳＩの開発方針をめぐって議論を戦わせていると、一人の女性技術者がためらいがちに発言した。

「あの、私、１の次は０というのはおかしいと思います。数学的に考えれば、１と０の間には２分の１もあれば４分の１もあります」

「うん？」

佐々木は彼女の方を見た。

奈良女子大の数学科を出た若手の技術者だった。まなざしは真剣そのものだ。

「どういうこと？」

佐々木が改めて聞くと、彼女は懸命に説明した。

「はい、半導体のことはよくわからないのですが、数学の場合、複雑になりすぎた式は、一度分解して機能別に整理し直した方が、すっきりします」

「それはそうだね」

佐々木は思案し始めた。

（つまり機能分割か。これまで必死に１チップに詰め込んできたものを、もう一度バラバラにするわけだ）

いいアイデアのように思えたが、そこから先のイメージがわかない。

「みんなはどうだ」

男性の技術者たちを見渡すと、困った顔をしている。

「わかった。機能分割も面白いが、とりあえず今は超ＬＳＩに集中しよう。考えがまとまったら、また提案してください」

佐々木は女性技術者の方を見て言った。

のちに佐々木はここで議論を止めてしまったことを大いに後悔することになるのだが、この時は「超ＬＳＩこそ次世代半導体の本命」と思い込んでいた。

ＭＰＵという本命

数ヶ月後、佐々木は来日していたインテルの創業者、ロバート・ノイスを東京の料亭でもてなしていた。

ノイスとは彼がフェアチャイルドセミコンダクターにいた時からの付き合いである。ノイスは１９６８年にフェアチャイルドを辞めてインテルを立ち上げたが、最初はろくに仕事がなく、「ロックウェルに発注しているＬＳＩをほんの一部でいいから作らせて欲しい」と佐々木に泣きついてきた。

シャープはロックウェルと独占契約を結んでいたので、インテルにLSIを発注するわけにいかなかった。そこで佐々木は、ノイスに新興の電卓メーカー、ビジコンを紹介した。ビジコン社長の小島義雄は佐々木の大学の後輩で、創業の頃から陰になり日向《ひなた》になり支援してきた。小島は「ドクターの紹介なら」と無名のインテルに電卓用のLSIを発注した。

ノイスは佐々木に並々ならぬ恩義を感じ、インテルが大企業になった後も、日本に来れば佐々木のところへ顔を出した。

食事をしながら、佐々木は女性技術者が話していた「4分の1」の話をした。「面白い話ですね」とは言うものの、ノイスの反応はそれほどでもなく、二人の話は別の方向に流れていった。

1971年、インテルは世界初のマイクロプロセッサー（MPU）「4004」を開発し、ビジコンがそのMPUを搭載した電卓を発売した。

（しまった、その手があったか）

佐々木はようやく、あの料亭で、ノイスが機能分割の話をしたがらなかった理由を理解した。ノイスはあの時、まさに「4分の1」をやっていたのだ。佐々木にその話を持ち出され、肝を冷やしたに違いない。

ＬＳＩはそれ自体が一つのコンピューターであり、一つのチップがそれぞれに中央演算処理装置（ＣＰＵ）、固定記憶装置（ＲＯＭ）、一時記憶装置（ＲＡＭ）を持つ。一つのチップの中に収まっているこの三つの機能をバラバラに分割し、「小さな命令を組み合わせて大きなプログラムを実行させる」というのが「４００４」の設計思想だった。こうすれば、ＣＰＵの構造は単純なまま、他のデバイスとの組み合わせによって複雑な機能を持たせることができる。

インテルが編み出したこの設計思想は、やがてパソコンの基本構造になっていく。インテルはパソコン用ＭＰＵで世界市場を支配し、パソコン用ＯＳ（基本ソフト）のデファクトスタンダード（事実上の業界標準）を獲得したマイクロソフトとともに、ＩＴ業界を牛耳る存在になる。

（半導体の本命は超ＬＳＩじゃない。ＭＰＵだ）

間違いに気づいた佐々木はすぐに手を打った。インテルの「４００４」に対抗する、独自設計のＭＰＵ「Ｚ80」を開発していた米ザイログと交渉し、同社のセカンドソースとして「Ｚ80」をシャープがライセンス生産することを決めた。

だが、デジタルの世界では業界標準を勝ち取った企業しか生き残れない。ＭＰＵのデファクトスタンダードは最初に飛び出したインテルが握り、ザイログとシャープに反撃のチャンスが訪れることはなかった。

電卓時代にLSIの先端を走っていたシャープには、来るべきパソコン時代にも「半導体の王者」として君臨する可能性があった。だがチャンスの女神の前髪を摑《つか》んだのは、その創業期に佐々木が救いの手を差し伸べたベンチャー企業のインテルだった。

のちに佐々木は、この判断ミスを「痛恨の失敗」として語るようになる。チャンスの女神に後ろ髪はない。目の前を通り過ぎたら、二度と捕まえることはできないのである。

人と人をつなぐ

シャープの専務として技術開発全般の指揮を執る佐々木は、いつしか日本の電機業界の取りまとめ役になっていた。推されて日本電子工業振興協会の会長に就任し、次世代半導体を開発する国家プロジェクトのリーダーになった。

「ポスト電卓」のヒントを求めて海外を飛び回る佐々木は、日本にいないことが多かった。日本電気の小林宏治《こうじ》、富士通の山本卓眞《たくま》ら大物社長・会長が顔をそろえる会議で、佐々木が座る会長席だけが空いている。

そんな時は佐々木の秘書役である寺師《てらし》一清《かずきよ》が会長席に座った。

「ドクターはまた海外かい。しょうがないなあ。寺師くん、今日の議論の内容はちゃんとドクターに伝えておくんだよ」

大物に囲まれた寺師は頭をかきながら言った。

「いつもすみません。今日はちゃんと出てくれとお願いしたのですが、昨日突然、アメリカに飛んで行ってしまいました。今日の議論は私が責任を持って、ドクターに伝えます」

佐々木の本拠地は奈良の天理工場だが、ここには年に2ヶ月もいない。1ヶ月は本社のある大阪。半年は東京、あとの3ヶ月は海外という生活である。

東京にいる時はホテルニューオータニが定宿だった。市ヶ谷の東京支社まで車で5分と近いからだ。

毎朝7時からニューオータニ17階にある見晴らしのいいレストランで朝食を食べる。パンを好み、グレープフルーツと梅干しを一つ必ず食べた。妻・浄子の言いつけである。

朝食の相手は毎日変わる。海外から日本に来ている電機業界の大物、通産省の官僚、ベンチャー経営者、政治家、海外メディアの日本特派員……。「ドクターの話が聞きたい」と各界から面談の申し込みが絶えなかった。

佐々木はじっくり相手の話を聞き、「それならあの人がよく知っている。電話をしておくから、会いに行きなさい」とアドバイスをした。人と人をつなげることが、新しい価値を生む。それが佐々木の信念だった。朝食は8時50分まで。会食が終わると、迎えの車に乗り込み、9時には東京支社で執務を始めた。

夜はホテル地下のステーキハウスで会食である。佐々木は来る者を拒まず食事を振舞い、アドバイスを与えた。歴代の米国駐日大使やアメリカの有力出版社、マグロウヒル（現S&Pグローバル）の東京支局長、コーヘンたちが常連で、情報交換を兼ねた会食は日付をまたぐこともしばしばだった。

夕食は肉を好んで食べたが、周りの者が「一体、いつ食べるのだろう」と不思議がるほどよくしゃべった。酒はほとんど嗜《たしな》まず、カンパリソーダに口をつける程度だった。

米国駐日大使のライシャワーと佐々木は家族ぐるみの付き合いで、皇太子妃だった美智子妃がアメリカのライシャワー宅にホームステイする時には、佐々木の娘がお世話係として同行した。佐々木の娘はアメリカで美智子妃に焼きたてのパンを食べてもらおうと考え、父親に相談した。

「オーブンで焼いてる時間はないから、夜中に生地をこねて朝には焼き上がっている
ような機械をパパの会社で作ってくれないかしら」

「うーん、パン焼き機か」

しばらく思案した佐々木は、船井電機の創業者、船井哲良《てつろう》に頼むことにした。シャープでもできないことはないが、ベンチャー気質の残る船井の方が、仕事は早い。かつてミシンを作っていた船井電機は、一度経営難に陥ったことがあり、佐々木が伊藤忠商事の副社長だった瀬島龍三《りゅうぞう》を紹介して、窮地を脱したことがある。以来、船井哲良は佐々木に私淑していた。

船井は持ち前の瞬発力でパン焼き機を開発し、美智子妃のホームステイに間に合わせた。

海外に出かけたり、海外から訪ねてきた要人に、佐々木は必ず贈り物をした。それは決して高価なものではなかったが、心の籠《こも》った贈り物だった。

例えば、七宝焼きの箸置《はしお》きには、6月なら紫陽花《あじさい》、9月なら萩《はぎ》と、季節の花があしらわれていた。佐々木は秘書の田中和子に、誰に何の花を贈ったかを正確に記録させ、

同じ模様のものを贈らないようにした。佐々木に会うたびに花の種類が増えていくので、相手や相手の家族は「次は何の花だろう」と楽しみにするようになる。海外に送るクリスマスカードは５０００枚を超え、そのすべてに直筆のメッセージを添えた。

「取締役20人で接待費が年間に２０００万円」という質実剛健のシャープにあって、佐々木が使う交際費は群を抜いていた。社長の佐伯をはるかに上回る交際費を、「使いすぎだ」と問題視する役員もいたが、佐伯は「ドクターだけはしゃあない」と目をつぶった。佐々木の人脈によって会社にもたらされる利益もまた桁違《けたちが》いだった。

例えば、佐々木はＬＳＩの生産を委託したロックウェルの営業担当副社長、コヴァックと、彼がロックウェルを辞めた後もずっと付き合った。「ロックウェルを辞めたのだから」と周りは止めたが、佐々木は一向に気にせずコヴァックとの付き合いを続けた。

コヴァックは航空関係の企業の要職に就き、この人脈を通じてシャープは航空機大手のボーイングから大量の液晶パネルを受注した。ボーイングがコックピットにある膨大な数の計器をすべて液晶に変える時、コヴァックがボーイングに口をきいて、シャープの液晶を採用させたのだった。

インテルのロバート・ノイスは、自分たちがMPUを納入しているパソコン・メーカーにシャープの液晶を売り込んでくれた。シャープはデル、コンパック、ヒューレット・パッカード（HP）といった大手を軒並み顧客にすることができた。

佐々木とノイスから始まったインテルとシャープの関係は、次世代型半導体メモリーを共同開発する「サンシャイン・プロジェクト」にまでつながった。この計画で両社はNOR型のフラッシュ・メモリーを開発した。携帯電話など個人用の小型情報機器の普及を睨《にら》んだ、極めて先進的な試みだったが、携帯電話で主流になったのは、東芝などが手がけたNAND型のフラッシュ・メモリーであり、サンシャイン・プロジェクトが脚光を浴びることはなかった。

孫正義と西和彦

「来るものは拒まず」の佐々木の元には、様々な会社や個人から新技術や新事業の売り込みがあった。シャープではこれを「社外提案」と呼んだ。すべてを受けていたら佐々木の時間がなくなってしまうので、産業機器事業部にいる佐々木の部下たちが手分けして事前審査を行った。その上で「これは」と思った話だけを佐々木に上げる。

検分役は部長の浅田篤や課長の鷲塚諫、係長の橋本伸太郎である。

1978年の春、浅田と橋本は近鉄奈良駅にあるホテルで一人の若者と会った。とにかくよくしゃべる若者だった。

名前を孫正義という。

孫は1974年、16歳の時に久留米大学附設高等学校を中退してアメリカに渡った。現地の高校を経てカリフォルニア大学バークレー校に入った孫は親友のホン・リャン・ルーと組み、バークレー校で教えていた宇宙物理学者のモーザー博士を巻き込んで、電子翻訳機を開発した。

だがすでに半導体大手のテキサス・インスツルメンツ（TI）やベンチャー企業も電子翻訳機を開発しており、アメリカで売り出すのは難しいと考えた孫は、試作機を抱えて日本に飛んだ。

孫が最初に売り込みに行ったのは、松下電器産業だった。

孫が松下電器の新規事業担当者に会うため大阪府門真市の松下電器本社に行くと、担当者の横に自分と同世代の若者が座っていた。大柄で黒ぶちのメガネをかけた青年は、名を西和彦といった。

早稲田大学理工学部を中退し、1977年にパソコン雑誌を発行するアスキーを設立した西は、マイクロソフトのビル・ゲイツが開発したパソコンOS「BASIC」

の価値をいち早く見抜き、渡米してゲイツを口説いた。首尾よくマイクロソフト製品の日本での販売権を獲得した西は、極東代理店であるアスキー・マイクロソフトを設立した。

マイクロソフトのBASICは、パソコンOSのデファクトスタンダードとなった。西はビル・ゲイツの代理人として、パソコン事業への進出を急ぐ電機大手を手玉に取った。

そもそもパソコンとは何に使うのか。基本ソフトとは何なのか。パソコンのことがよくわからない大企業のベテラン技術者たちが若い西に教えを請《こ》うた。

孫が電子翻訳機を持ち込んだ時も、松下電器のベテランたちは、その場に居あわせた西に助言を求めた。西は孫に聞こえないような小さな声で言った。

「今時、電子翻訳機なんか流行《はや》りませんよ。それよりポケコン（ポケットコンピューター）をやったほうがいい」

なるほど、とベテランたちはうなずいた。

（どうやら自分のアドバイスのせいで、バークレーから来たこの若者は、ビジネスチャンスを逃しそうだ）

そう考えると少し後味が悪い。自分と同年代で松下電器に単身乗り込んできた孫のことを、潰《つぶ》すには惜しいとも思った。

「孫さん、僕はアスキーの西と言います。これから、一緒にやれる仕事があるかもしれない。何かあったらここに電話をください」

そう言って西が名刺を差し出すと、孫は気まずそうに言った。

「すみません。まだ名刺を作っていないんです。こいつが売れたら会社を作ろうと思っているんですが」

(名刺も持たずに、日本でどうやって仕事するつもりや)

西は呆《あき》れたが、仕方がないので孫に近づき、耳元で囁《ささや》いた。

「シャープに佐々木さんという人がいる。ここがダメだったら、彼のところへ行けばいい」

松下電器の人間に聞かれても大丈夫なように、早口の英語にしておいた。孫は怪訝《けげん》な顔をしたが、西は頷《うなず》いてみせた。

松下電器に断られた孫が次に向かったのは三洋電機だった。だがここでも門前払いを食らう。孫は最後の望みを託し、「シャープの佐々木」に連絡をした。

電話に出た佐々木の秘書は言った。

「佐々木にお会いいただく前に、シャープの担当者がお会いします」

面会場所には近鉄奈良駅前のホテルを指定してきた。

孫が手製の電子翻訳機を抱えてホテルに行くと、部屋には浅田と橋本が待っていた。二人を前に、孫はしゃべりまくった。自分が開発した電子翻訳機はソフトを入れ替えれば複数の言語に対応できること。翻訳した言葉を音声合成で出力できること。この翻訳機を空港などで貸し出すビジネスモデルを考えていること。橋本が感心したのは音声合成の技術だった。

「へえ、こいつはしゃべるのか」

橋本が言うと、孫は嬉《うれ》しそうに答えた。

「はい。しゃべります。そこがミソです」

「じゃあ、いっぺんドクターに会ってみるか」

「ぜひ」

こうして孫と佐々木の面談がセットされた。

「ザウルス」を生んだ1億6000万円

シャープ中央研究所の所長になった佐々木のところに孫正義がやってきたのは、夏の暑い日だった。天理の事業所で佐々木が待っていると、父の安本三憲に伴われた孫が風呂敷《ふろしき》包みを大事そうに抱えて姿を現した。白いワイシャツにグレーのズボンという出《い》で立ちだった。

1階の応接室で挨拶《あいさつ》を交わすと、孫はいきなり風呂敷包みを解《ほど》き始めた。

「ああ、ちょっと待って。そういうことなら、上で見せてもらいましょう」

人目につくロビーで試作機の説明を始めようとする孫を、佐々木は慌《あわ》てて押しとどめ、個室がある2階の応接室に案内した。

三憲は最初に「よろしくお願いします」と言ったきり黙り込み、あとは孫のワンマンショーだった。佐々木はその間、孫が懸命に説明している電子翻訳機ではなく、孫自身を見つめていた。

(この若者は、吸い込まれるような目をしているな)

佐々木は、カッと見開いた孫の目を惚《ほ》れ惚れと見た。次の瞬間、佐々木は思い出した。

(孫……孫……ああっ、あの男か!)

西に「面白い日本人がいる」と教えられ、バークレーに会いに行った。確か電子翻訳機の話をしていた。あの時の若者だ。

(そうか。本当に電子翻訳機をものにしたのか。面白い奴《やつ》だ)

シャープの技術陣はすでに電子翻訳機の開発を終え、初号機の発売準備に入っていた。彼らプロフェッショナルから見れば、どこの馬の骨とも知れない学生が作った試作機など、物の数には入らない。松下も三洋もおそらくそう考えただろう。しかし佐々木は違った。

（製品はともかく、こいつになら金を出してもいい）

電子翻訳機の技術を買うのではなく、孫正義という男の将来に投資する。それは意味のある金の使い方だと思った。

孫の熱烈なプレゼンテーションが終わると、佐々木は静かに言った。

「仕組みはだいたい、わかりました。多言語対応は可能ですか」

「はい、翻訳の作業はソフトウエアでやっていますから、アプリケーション・ソフトを入れ替えれば、何語にでも対応できます」

「そうですか。では国連の公用語6ヶ国分プラス日本語、ドイツ語の8ヶ国分を用意してください。1ヶ国あたり2000万円出しましょう」

「あ、ありがとうございます」

孫の顔がパッと輝いた。

横で話を聞いていた浅田と橋本は、そんなに出すのかという顔をしていたが、佐々木は知らん顔をしていた。

契約が終わるとすぐに、孫とシャープの技術陣による電子翻訳機開発プロジェクトがスタートした。バークレーの同級生で、後に妻となる大野優美も孫側の開発メンバーに入っていた。

シャープは1981年、孫と共同開発した音声機能付き電訳機「IQ‐5000」を発売した。1979年に独自開発した電訳機「IQ‐3000」を発売していたから、2代目ということになる。メモリー容量の事情から使える単語が5000語しかなかったので、IQ‐5000は大したヒットにならなかった。しかしこの技術は、やがて電子手帳の大ヒット商品「ザウルス」の原型になる。

一方、1億6000万円という大金を手にした孫は、大学の友人、ホン・リャン・ルーと二人でバークレーにユニソン・ワールドという会社を作った。

モバイル機器や学習機器の開発を目指すという触れ込みだったが、実際に始めたのは、日本からの中古のインベーダーゲーム機の輸入である。日本で大ヒットしていたインベーダーゲームの古いモデルをアメリカの大学のカフェテリアや寮に置いたのだ。

これが思いのほか当たり、ユニソン・ワールドは年商3億円に成長する。

しかし孫は高校を中退して渡米する時反対した母親と「大学を卒業したら日本に帰

る」と約束しており、約束を守るために帰国する。ユニソン・ワールドの持ち株は総額1億円でルーに売った。ルーはここで稼いだ金を元手に、中国で携帯電話の事業を立ち上げ、大成功を収めるのだが、それはまた別の話である。

苗は肥沃《ひよく》な土地に植えなさい

帰国した孫は佐々木のところへ挨拶に行き「地元博多に米国と同じユニソン・ワールドという名前の企画会社を作る」と報告した。

佐々木は渋い顔をした。

「いいか孫くん、苗を育てようと思ったら肥えた土地に植えなければならない。痩《や》せた土地で苗は育たんぞ」

コンピューター関連の仕事を始めるのなら、旺盛《おうせい》な需要があり、関連産業がひしめき、人材も集まる東京で起業すべきだ、と佐々木は教えた。しかし、孫の家族への思いは強く、佐々木の制止を振り切って博多で会社を立ち上げた。

結果的には佐々木の予想が当たった。情報産業の集積が少ない福岡で立ち上げた会社は鳴かず飛ばず。孫は米国のユニソン・ワールドの株を売って手に入れた1億円の資金をあっという間に使い果たしてしまった。

一文無しに逆戻りした孫は上京し、佐々木の言う土地の肥沃な東京で、今度はパソコンソフトの卸売に狙《ねら》いを定めた。だが、肝心の起業資金がない。

事務所から近い第一勧業銀行（現在のみずほ銀行）の麹町《こうじまち》支店で1億円の融資を頼んだが、あっさり断られた。「ソフトのような目に見えないものを扱う会社に融資などできない」というのが、その理由である。パソコンソフトの卸売がどれほど将来有望な事業か説明しても、行員は全く取り合ってくれない。弱り果てた孫は、佐々木に泣きついた。

「佐々木さん、僕は悔しいです。世の中の役に立つビジネスを立ち上げようとしているのに、誰も理解してくれない」

（だから最初から、東京でやれと言ったじゃないか）

そう言いたいところをぐっと飲み込んで、佐々木は言った。

「私からも銀行に頼んであげよう」

佐々木はすぐに第一勧銀の常務に電話をした。

「ああ、シャープの佐々木ですけどね」

「はい、佐々木様。いつもお世話になっております」

「今、孫正義という男がおたくの麴町支店に融資のお願いをしていると思います。どうもうまくいっていないようなのですが」

「はあ、今すぐにはわかりかねますので、後で支店に確認してみます」

「彼のことは私が保証します。何なら私の退職金と自宅を担保にとっていただいても構いません。どうか融資をしてやってください」

「はあ、早速、確認してみます」

支店長に確認すると、確かに孫という人物から融資の依頼があるという。しかし担保が何もないので、支店は融資を渋っているという。

常務は頭取の村本周三にこの件を相談した。すると村本は烈火のごとく怒った。

「君は何を言っているんだ。佐々木さんはシャープの代表取締役だぞ。その佐々木さんが保証すると言っているのなら、それはシャープが保証しているのと同じことだ。佐々木さんから担保を取る奴があるか。そんなもの必要ない。今すぐ融資しなさい」

あれだけ頼んでも耳を貸さなかった銀行が突然態度を変えたことに、孫はびっくりした。

(信用とは、こういうことか)

孫は自分の無力さを痛感するとともに、早く佐々木のように世間から信用される人間になりたいと思った。

起業資金を手にした孫は1981年、「日本ソフトバンク」を設立した。この時、孫は子供の頃から名乗っていた日本名の「安本」を捨て、韓国名の「孫」を名乗るようになった。

「あなたはまた、何の相談もなく勝手なことをして。もしもこの家を差し押さえられでもしたら、私たち家族はどこで暮らせばいいんですか。そういう大事なことは、ちゃんと私に相談してください」

後日談として佐々木が淨子に孫の話をすると、淨子はカンカンになって怒った。

「スマンスマン。大丈夫だと思ったんだよ」

「いいえ、この際だから言わせてもらいますけどね。あなたは他人を簡単に信用しすぎです。もう少し用心深くしていただかないと、いつか大怪我《おおけが》をしますよ」

「わかった、わかった」

エレクトロニクスの分野では無類の人脈を誇る佐々木も、淨子にかかっては形無しだった。

孫のことを心底気に入った佐々木は、行く先々で、自分の息子のことのように話をした。

「面白い男がいるんですよ。アメリカから帰ってきてパソコン絡《がら》みの仕事を始めました。彼は大物になると思いますよ」

この話に飛びついたのが上新電機社長の浄弘博光《じょうぐひろみつ》だった。佐々木の話を聞いた浄弘は「面白そうだ」と思って、早速、孫に会いに行った。

「これからはパソコンの時代だ」という孫の話に感銘を受けた浄弘は、日本初のパソコン大型専門店「J&P」を立ち上げる。J&Pにパソコンソフトを卸すことで、日本ソフトバンクのビジネスは一気に軌道に乗った。

こうして日本ソフトバンクの創業を支えてくれた人々を孫は「恩人」と呼んでいる。ゴールデンウィーク中の平日の一日を「恩人感謝の日」と定め、感謝の宴をもうけている。

佐々木、浄弘の他には、最初の融資で佐々木とともに尽力してくれた第一勧業銀行麴町支店長の御器谷正之《みきやまさゆき》、ソフトバンクと独占販売契約を結んでくれたソフト会社ハドソンの創業者、工藤裕司・浩兄弟、創業期から相談に乗ってくれた朝日新聞編集委員の川島正英、ソフトバンクが出版事業に進出する時力になった旭屋書店常務の田辺聰《あきら》などがいる。

天才、神童、カタリスト

しかし何と言っても、孫正義を世に送り出した一番の功労者は佐々木だろう。佐々木がいなければ孫は米国で起業することも、第一勧銀から融資を受けることも、上新電機とビジネスを始めることもできなかったからだ。

佐々木の役回りは、20代前半の才気あふれる若者に「信用」を与えることだった。佐々木はきらめく才能を持つ若者と、金と権力を持つ銀行や大企業を結び付けるカタリスト（触媒）の役目を果たした。それこそが佐々木正の真の価値と言える。

ソフトバンクを急成長させて日本の情報産業に彗星《すいせい》の如《ごと》く現れた孫は「パソコンの神童」と呼ばれた。一方、富士通、日本電気、日立、東芝といったコンピューター大手を動かして日本のパソコン産業を牽引《けんいん》した西和彦には「パソコンの天才」という異名が与えられた。

裕福な家庭で苦労を知らずに育った西は「やりたいことをやる」スタイルを貫いた。在日韓国人の孫は父親の三憲がパチンコ店経営で一山当てるまで貧しい暮らしを体験しており、「とにかく日本一、世界一になる」と猛烈なスピードで疾走した。世間は「天才対神童」の対決を煽《あお》り、二人も互いを意識しすぎて関係が険悪になっていった。

（どちらも一人ずつでは危うい）

そう感じた佐々木は1980年代の半ば、二人を大阪の料亭に呼び出した。
「あのな、君たちが反目しあってもいいことはないよ。仲良くやりなさい。二人で日本の情報産業を引っ張っていけばいい。競争もいいが、反目し合うのは感心しない。共創すればもっと面白いことができるはずだ」

佐々木に促され、二人は渋々握手をした。この時、3人で撮った写真が今も佐々木の手元に残っている。

パソコンという新しいメディアが登場し、企業しか使えなかったコンピューターが個人に普及したこの時代、日本の電機大手の経営者は、孫や西のような「怪しげな若者たち」を面白がり、彼らの知恵を欲しがった。夢に向かって突き進む若者たちのパトロンを買って出たのは、佐々木一人ではなかったのである。

1985年のある日、西はわざわざ日曜日の昼を選んで、横浜市にある富士通社長、山本卓眞の自宅に電話をかけた。

「あのー、アスキーの西と申します。今、ご自宅の近くまで来ているのですが、会っていただけないでしょうか。うちの女性社員が御社の社員と結婚することになりまして、お祝いに何が欲しいかと聞いたら、山本さんの祝電が欲しい、というもんですから」

祝電云々《うんぬん》が口実であることは、すぐにわかったが、それでも山本は「会おう」と言った。

客間に通された西が、改めて祝電を頼むと、今度は山本が尋ねた。

「最近、マイクロソフトはどうしていますか」

「ウインドウズという新しいパソコン基本ソフトをやっていますが、あまりうまくいっていません」

この頃、西はマイクロソフトの上級副社長を務めており、ウインドウズの開発状況は極秘事項だった。開けっぴろげな西の態度に苦笑した山本は「ちょっと失礼」と言って書斎へ行き、1冊の本を持ってきた。

『零戦《ゼロせん》　その誕生と栄光の記録』

零戦の設計者、堀越二郎の著書である。

「これを差し上げましょう」

西に本を手渡すと、山本は語り始めた。

「名機と言われた零戦は3代目だったそうです。ものづくりは最初からうまくいくものではない。二度失敗しても諦《あきら》めず、三度目にようやく良いものができる。私はそう肝に銘じて経営をしています。あなたがやっているソフトウエアも、きっと同じでしょう」

西は頷いた。実際、ウインドウズが爆発的に売れたのはバージョン3・0からだった。

この頃、山本はコンピューターの巨人、ＩＢＭと戦っていた。日本のエレクトロニクス産業はついに本家の米国を追い越すところまで成長し、今や米国の脅威になっていた。同盟国である日本の共産化を防ぐため、最先端の技術を惜しみなく与えていた米国は、東西冷戦が終わると、強くなりすぎた日本の電機産業をなりふり構わず叩《たた》きにきた。ＩＢＭ産業スパイ事件、日米半導体戦争、日米スーパーコンピューター貿易摩擦。標的にされた日本の電機大手は、死ぬか生きるかの戦いを強いられた。激烈な生存競争の先頭に立つ経営者の器は大きく、日本の情報産業の未来を切り拓《ひら》くため、企業の枠にかかわりなく、自分たちの後に続く若い起業家を育てようとしていた。それが孫であり西であった。

若者たちも会社の格や相手の肩書きに臆《おく》することなく、堂々とぶつかっていった。エスタブリッシュメントとベンチャー。異質なものが混じり合い、擦れ合う摩擦熱が「電子立国日本」の新たな原動力になった。

佐々木が唱える「共創」を電機業界全体でやっていたことになる。ただし、佐々木の「共創」はさらにスケールが大きかった。

ジョブズの相談

1985年の秋、東京支社長になった佐々木が市ヶ谷のオフィスにいると、受付から電話がかかってきた。

「薄汚い格好をした外国人が、入り口で『ササキに会わせろ』と暴れています」

電話口の向こうから困り果てた様子が伝わってきた。

「名前を聞いてくれないか」

佐々木がそう言って電話を切ると、すぐに返事があった。

「名前はジョブズというそうです」

「ああ、スティーブか。知ってる、知ってる。通してやってくれ」

まだ夏の名残がある暑い日だった。

ジョブズはTシャツ、ジーンズにゴム草履を引っ掛け、腰からタオルをぶら下げていた。髭《ひげ》は伸び放題。受付が「あのスティーブ・ジョブズ」と気づかなかったのも無理はない。

8年前にサンフランシスコの橋のたもとで会った時のジョブズは、アップルを立ち上げたばかりのヒッピーだったが、その後「パソコンの旗手」となり、アップル上場で大金持ちになったはずである。

しかし8年ぶりに会うジョブズの姿は、あの時とあまり変わらない姿だった。8年前に逆戻りしたというべきかもしれない。

ジョブズは大企業になったアップルをうまく運営してもらうための「プロ経営者」として、食品大手のペプシコの副社長だったジョン・スカリーを引き抜いた。

ペプシコーラ事業会社の社長でもあったスカリーは「今更ベンチャー企業に行く気はない」と断ったが「あんたは残りの人生、砂糖水を売って過ごすのか。それより俺と一緒にコンピューターで世界を変えないか」というジョブズの殺し文句にやられて、アップルに移籍した。

しかしアップルを「大人の会社」にするために乗り込んだスカリーの目には、積み上げた成功の全《すべ》てをリスクにさらして次へ進もうとするジョブズのやり方が、あまりにも危険に見えた。スカリーはジョブズの仕事を少しずつ取り上げていき、最後は取締役会の総意として名ばかりの会長に祭り上げた。

やりたいことができなくなったジョブズのフラストレーションは頂点に達し、19

85年の9月、スカリーに辞表を叩きつけた。

ジョブズが日本に佐々木を訪ねたのは、その直後だった。彫りの深い顔の奥にある大きな瞳《ひとみ》には、8年前には見られない憂《うれ》いが見られた。

ジョブズは持っていたアップル株を売却し、高等教育や科学技術向けのコンピューターを作るNeXTという会社を立ち上げた。インタビューでは「次世代のコンピューターを作る」と強がっていたが、人生そのものであるアップルを失った傷はまだ癒《い》えていなかった。

シャープの東京支社2階にある応接室に案内されたジョブズは、ソファーの上にあぐらをかいて佐々木を待っていた。佐々木が部屋に入るとチラッと顔を上げたが、すぐに下を向いてしまった。

「久しぶりじゃないか」

ジョブズはあぐらをかいたまま、黙って下を見つめている。

「どうした。何か用事があるんじゃないのか」

そう聞いても口を開こうとしない。

「じゃあ、一つだけ言っておくが、ここはウエストコーストではない。日本だ。ソフアーの上であぐらはやめなさい」

佐々木が言うと、ようやく顔を上げた。

「いや、俺はこれでいい」

万事がマイペースな男である。佐々木は「やれやれ」とかぶりを振った。しばらく沈黙が続いた後、ジョブズがぽつりと言った。

「次は何かな」

「次？」

「あんたは電卓を作った。俺はパソコンを作った。次は何だと思う？」

「うーん、次か」

それは70年代後半に電卓戦争が終息した後、佐々木がずっと考えてきたことだった。

スパイラル戦略

シャープは電卓のために開発した液晶が生産過剰になると、当時、ソニーが先頭を走っていたビデオカメラのディスプレーに転用することを思いついた。ファインダーをのぞき込まなくてもビデオが撮れる「液晶ビューカム」は大ヒットした。

同じく電卓用に量産したのが太陽電池である。太陽電池が生産過剰になった時、佐々木は思わぬ販路を見つけた。玩具《おもちゃ》だ。

京大出身で京都に太い人脈を持つ佐々木は、任天堂の中興の祖、山内溥《ひろし》と懇意だった。山内は電子銃のゲームを考案した。佐々木が光に反応する太陽電池を電子銃の的にすることを思いついた。引き金を引いて光線が太陽電池に当たると、標的の鳥がパタリと落ちる仕組みである。

その後、任天堂はテレビにつないで遊ぶファミコンで大ブームを巻き起こした。その次に来たのが、テレビにつながなくても遊べるポータブル型ゲーム機「ゲームボーイ」の大ヒットである。その頃、液晶担当の役員だった浅田の努力もあって、ゲームボーイのディスプレーにはシャープの液晶が採用された。電卓の利幅が薄くなり困っていたシャープにとって、任天堂はありがたい顧客だった。

やがて液晶はパソコンのディスプレーにも使われるようになり、シャープの液晶事業は順調に拡大していった。液晶という一つのデバイスを様々な分野に応用して、新市場を開拓していく。このやり方を社内では「スパイラル戦略」と呼んだ。シャープペンシルの時代から、一つのヒット商品に安住しないシャープのＤＮＡである。

佐々木は電卓戦争で圧勝しても、決して足を止めなかった。

（もっと先へ進まねば）

同じ場所に止まったらシャープのような小さな会社は簡単に潰されてしまう。高い技術を持ちながら、富士通に飲み込まれた神戸工業の記憶が、佐々木を常に新市場の開拓へと向かわせた。

常に満足しないのはジョブズも同じだった。

アップルは企業が独占していたコンピューターを個人のものにした。大ヒットした「マッキントッシュ」(マック)は、コンピューターの〝民主化〟を現実のものにした。だが「マックはまだ不完全だ」とジョブズは考えていた。

アップルはマウスを使うグラフィカル・ユーザー・インターフェース(GUI)を生み出したが、それでもまだ目障《めざわ》りなキーボードが残っている。初めてパソコンに触る人は、複雑なキーボードを見ただけで、怖気《おじけ》づく。

(小さな子供が直感的に使える、もっと美しいコンピューターを作れないか)

コンピューターはもっと人間の感性に近くならねばならない。人間の創造的な活動を助けるパートナーになる必要がある。そのためにはマウスもキーボードも消さなくてはならない。

日本の禅に深く傾倒するジョブズは、余分なものを全て省く「ミニマリズム」を信奉していた。ジョブズが考える「美しいコンピューター」とは、禅のように静謐《せいひつ》で奥深いものでなくてはならない。

そんなコンピューターを作るには、日本の技術が欠かせない。だからジョブズは日本にやってきた。そして、いの一番に佐々木を訪ねた。佐々木なら、自分が考えているコンピューターを形にするヒントをくれるかもしれない。

「パソコンの次は音楽だと思う」

ジョブズが言った。

「パソコンの次は音楽だと思う」

「音楽？」

「そう、コンピューターのネットワークで音楽を配信するのさ。配信するのは映像でもいいんだが、今はコンピューティング・パワーも伝送速度が限られているから、まずはデータの少ない音楽だ」

佐々木にはイメージが浮かばない。

「コンピューターで音楽を聴くのか」

「そうだ。あんたが作った電卓みたいにポケットに入るやつだ。カセットテープやコンパクト・ディスクみたいな不細工で貧弱な媒体は使わない。何百曲、何千曲をポケットに入れて持ち運ぶんだ」

「媒体を使わずにどうやって音楽のデータをコンピューターに取り込むんだ？」

「だからオンラインだよ。やがてコンピューターそのものがメディアになる。ネットワークからデータをダウンロードするんだよ」

「そんなことができるのか」

「ソフトウエア的にはできるはずだ。ただし、ハードウエアのことは俺にもよくわからない。それをあんたに聞きに来た」

「そうか、音楽か。音楽のことなら、私より大賀（典雄）さんの方が詳しい。電話をしておいてあげるから、話を聞いたらいい」

「ソニーのノリオ・オオガか」

「そうだ」

「ソニーは好きだ」

そう言うとジョブズは嬉しそうに笑った。

会話に満足したジョブズがソファーから立ち上がろうとするところを、佐々木は押しとどめた。

「君はリンゴマンゴーを知っているか」

「リンゴマンゴー？　なんだそれ」

「リンゴはどこで育つ」

「寒い国だ」

「マンゴーは」

「暑い国」

「マンゴーは寒い国で育つか」

「いや、死ぬな。何が言いたい？」

「今の君は寒い国のマンゴーだよ。だから会社を追い出されたんだ」

「面白いことを言う。では、どうすれば俺は生きられる」

「だからリンゴマンゴーだよ」

佐々木は台湾時代にリンゴとマンゴーを接《つ》ぎ木した話を聞かせた。

「君は独創的な人間だが、一人では世の中を変えられない。人類は共創で進歩してきたんだ。他人と手を組むんだ」

「誰と組めというんだ。スカリーに謝るのはごめんだぞ」

「ゲイツだよ」

「ゲイツ？　ビルのことか。あいつはダメだ。俺がやりたいのはあんなことじゃない。だいたいあいつはセンスがなさすぎる。ウインドウズだって俺のGUIを盗んだだけだ」

ジョブズは凄《すさ》まじい剣幕でまくし立てた。興奮が収まるのを待って、佐々木は言った。

「君が言う通り、彼には足りないものがある。しかし君にも足りないものがある。だから共創するんだ。二人で世界を変えていくんだ」

「いやだね。あんな裏切り者と組むくらいなら、このまま朽ち果てた方がマシだ」

そう言い捨てると、ジョブズは草履をつっかけて帰って行った。

（やれやれ、いくつになっても、わがままなやつだ）

1986年、佐伯が16年間務めた社長を退くのと同時に、佐々木は副社長から常任顧問に退いた。社内には佐々木の社長就任を望む声もあったが、すでに70歳を超えており、年齢的に難しかった。佐伯が後任に選んだのは自分と姻戚《いんせき》関係にある辻晴雄。

辻の次も、佐伯の娘婿《むすめむこ》の町田勝彦だった。

社長を辞めた後、佐伯は1年だけ会長をやり、すぐ相談役に退いた。世間は引き際《ぎわ》の美しさを讃《たた》えたが、実際にはそれから約20年間、佐伯の院政が続いた。

佐伯が睨みを利《き》かせている間、シャープの経営は堅実だったが、佐伯のグリップが緩み始めた2008年頃から「息子たち」が暴走を始める。辻、町田、そして片山幹雄は自分たちが「世界一」だと信じた液晶事業にとてつもない資金を注ぎ、博打《ばくち》に近い経営にのめり込んでいった。

一方、一線を退いた佐々木は、シャープが進取の気風を失っていくことに警鐘を鳴らした。得意の液晶分野にとどまり、それ以外の技術にチャレンジしなくなった開発陣を「新しいことに挑め」と鼓舞した。

だが液晶テレビの大成功に酔いしれる社内に、佐々木の声に耳を傾けるものは少なかった。昭和から平成に元号が変わった1989年の7月、顧問を最後に佐々木はシャープを去る。2ヶ月後、孫正義に請われてソフトバンクの相談役に就任した。

この頃から佐々木は周囲にこう話すようになった。

「虎《とら》は死して皮を残すというが、私は孫正義を残した。もういつ死んでも構いません」

1990年の和製「iPad」

キーボードもマウスも使わないパソコン。シャープの中にもジョブズと同じことを考えている人間がいた。

ロックウェルに派遣され、ＭＯＳ電卓の回路を設計した吉田幸弘である。

１９８８年、シャープの情報システム研究所の研究員として働いていた吉田は、夢の個人用電子デバイス「パーソナル・エクセレント・ツール（ＰＥＴ）」の着想を得る。

吉田が考えたＰＥＴは、長さ２００ミリメートル、幅１００ミリメートル、厚さ15ミリメートルのノート型。全面が液晶のタッチパネルになっており、スタイラスペンで操作する。

通信機能を備えており、メインメモリーは8メガバイト、ストレージ（外部記憶装置）には１２８メガバイトのフラッシュ・メモリーを使う。ＩＣカードのスロットが付いていて、単3電池4本で２００時間駆動する。２０１０年にアップルが発売する「ｉＰａｄ《アイパッド》」とほとんど同じ製品を、吉田は構想していたのである。

１９９０年、2年がかりでＰＥＴの設計を終えた吉田は、この構想を上司の浅田に伝えたが、浅田は任天堂向けの液晶供給に手一杯で、吉田の提案に耳を貸す余裕がなかった。

「なんでわからんのや。これがパソコンの未来やないか」

吉田は歯嚙《はが》みしたが、佐々木はすでにシャープにいない。巨大企業になったシャープで、一介の技術者の声が経営陣に届くことはなかった。

かつて吉田がロックウェルで感じた、日米における技術者の待遇格差は、かつてより大きくなっていた。米国なら吉田のような独創的な技術者をベンチャー投資家が放っておかない。優れたアイデアには相応のリスクマネーが供給され、ベンチャーが立ち上がる。

一方、日本では技術者は組織の歯車の一つであることを求められ、一つの企業の中でその生涯を終える。大きな発明をしても権利は企業に帰属するし、役員や社長になるのは世渡りが上手《うま》い社員であり、優れた技術者に枢要《すうよう》なポジションが与えられるわけではない。いつしか会社は新しいアイデアを形にすることが苦手になっていく。企業の官僚化である。

佐々木のような型破りの役員がいなくなった後、シャープでも官僚化が急激に進む。技術者たちは、液晶テレビの性能を上げることばかりに邁進《まいしん》し、次々と新機軸を打ち出してきたシャープのDNAは見る影もなく劣化してしまった。技術者たちは社内の「競争」に明け暮れ、佐々木が教えた「共創」を忘れてしまった。

だが、佐々木が残した「共創」のＤＮＡは、シャープ以外の場所で脈々と受け継がれていた。

ジョブズを「追放」したアップルもまた、官僚化が進み、新機軸を打ち出せなくなっていた。

１９９７年、深刻な経営不振に陥り、困り果てたアップルの取締役会は、ジョブズに復帰を求める。ジョブズははじめ、フルタイムでの復帰を拒み、暫定《ざんてい》ＣＥＯとしてアップルに復帰した。

復帰と同時に、ジョブズは大きな決断をする。

その決断を新聞で読んだ佐々木は、ニヤリと笑った。

（あいつ、わかってたんじゃないか）

ジョブズは毛嫌いしていたゲイツのマイクロソフトから1億5000万ドルの資金提供を受けることにしたのだ。二人が初めて手を組んだ瞬間だった。

この提携で、マイクロソフトは看板商品「オフィス」と「インターネット・エクスプローラ」のアップル版を作ることになった。

「マックかウインドウズか」

パソコンを二つに分けていた壁が取り払われ、世界中のパソコン利用者が自由になった。

(そうなんだスティーブ。人類の進歩の前に、企業の利益など、いかほどの意味もないのだ。小さなことにこだわらず、人類の進歩に尽くすのが、我々、技術者の使命なんだ)

佐々木は新聞記事を何度も読み返し、心の中でジョブズとゲイツにエールを送った。

ここからアップルの奇跡の復活が始まる。1998年には斬新《ざんしん》なデザインのパソコン「iMac」を発売し、爆発的なヒットにつなげる。2001年には、かつて佐々木に話した音楽プレーヤー「iPod」を投入。インターネットで音楽を配信するビジネスモデルを作り上げた。

このサービスはマイクロソフトのウインドウズを搭載したパソコンからも使うことができた。それまで相容《あいい》れることのなかったアップルとマイクロソフトの製品で同じソフトやサービスが使えるようになり、利便性はさらに上がった。

それはまさに、リンゴとマンゴーによる「共創」だった。

技術は人類の進歩のためにある

佐々木の物語はまだ終わらない。

1994年、佐々木は79歳にしてナノテクノロジーの研究開発を目的としたベンチャー企業、国際基盤材料研究所（ICMR）を設立し、その社長に就任した。ソフトバンクの相談役を退いた後、しばらく隠居をしてみたが、退屈で仕方がない。「これはたまらん」というわけで、新会社を立ち上げた。

「技術は人類の進歩のためにある」

101歳を超えた佐々木は、今も固くそう信じている。

「人生の最後まで自分の足で歩けたら、そんな幸せなことはない。私は魔法の杖《つえ》を開発して、世の中から車椅子《くるまいす》をなくしたい」

車椅子に乗った佐々木がそう言うと、「ひょっとしたら、不可能ではないかもしれない」と思えてくる。佐々木にはジョブズと同じように、周りの人間に自分のビジョンを信じ込ませ、「現実歪曲《わいきょく》空間」を作る力がある。

その力に触れると、浅田や鷲塚や吉田がそうであったように、人々は何かに取り憑《つ》かれたように働き始める。出世やお金のためではない。「自分は人類を進歩させる瞬間に立ち会っている」という使命感が人々を夢中にさせるのである。それを我々は

「革命」と呼ぶ。

電子立国日本を立ち上げる過程で、日本人はいくつもの革命を起こしてきた。ソニーのトランジスタラジオやトリニトロンテレビやウォークマンしかり、シャープの電卓や液晶テレビしかり、任天堂のファミコンしかりである。

アメリカでは今もグーグルやアップルやアマゾン・ドット・コムやフェイスブックで、若者たちが、人類を進歩させるために、熱に浮かされたように働いている。

一方、組織が官僚化した日本企業は、いつの頃からか「革命」を忘れてしまった。「日本人はイノベーションが苦手」

そんなことはない。

我々の先達は資金も設備も何もない状態で、ゼロからイチを生み出し、世界を驚かせてきたではないか。

日本の電機産業には「ロケット・ササキ」がいたのである。

会社はいつか消滅するし、国家が永遠に繁栄することもない。だが人類の進歩に終わりはない。

１０１歳の技術者。佐々木正の生き様は、我々に限りない勇気を与えてくれる。

エピローグ　独占に一利なし

２０１４年４月26日、大阪・梅田の新阪急ホテルで、佐々木の「１００歳を祝う会」が盛大に開かれた。

パーティーには元通産次官で石油資源開発会長の棚橋祐治《ゆうじ》、船井電機会長の船井哲良など、佐々木にゆかりのある人々が顔を揃《そろ》えた。シャープ創業者、早川徳次の娘、早川住江の姿もあった。乾杯の音頭をとったのは、シャープ７代目社長の高橋興三《こうぞう》だった。

高橋は２０１３年６月、奥田隆司《たかし》の後を受けて社長に就任した。静岡大学の大学院を出て１９８０年にシャープに入社。エンジニアとして複写機の開発に携わった高橋は、佐々木の現役時代を知る最後の世代だ。複写機部門は佐々木が初代の部長を務めた産業機器事業部の中にある。

だが今の産業機器事業部に佐々木が電卓戦争を戦っていた時のような「熱」はない。会社の看板は液晶事業であり、産業機器事業にはほとんどと言っていいほどスポットライトが当たらない。4代目の町田勝彦が社長になってから、シャープは液晶テレビの「アクオス」で大ヒットを飛ばし、利益の大部分を液晶関連事業で稼ぐようになった。投資も液晶に集中し、いつしか「液晶の一本足打法」と言われる会社になった。2007年、町田の後を受け49歳で社長になった片山幹雄は「液晶のプリンス」と呼ばれた。

片山は東京大学工学部を卒業し1981年にシャープに入社。片山の父親は佐伯旭の友人であり、二人の間には「いずれ片山を社長に」という約束があったとされる。片山がまだ20代の頃、佐伯は佐々木に片山の品定めを頼んでいる。

「ドクター、片山は東大出のホープや。シャープの社長が務まる器かどうか、あなたの目で見極めて欲しい」

佐々木はしばらく片山を預かり、その人となりを観察した。

「技術者としての才能はあります。世界に通用するセンスを持っている。社長になれるかどうかは、育て方次第でしょう」

佐々木の目から見ても、片山には才能があった。液晶技術の豊かな知見をバックに「未来はこうなる」と自信満々に言い切ると、その場に居あわせた者は、片山の言う未来が自分にも見える気がした。

ジョブズほどではないが、片山もまた「現実歪曲空間」を作る能力を持つ人間の一人だった。それは佐々木にも共通する能力である。ビジョナリーと呼んでもいい。

「そうか。才能があるか」

佐々木の報告を聞いた佐伯は喜んだ。

片山は入社直後の数年、太陽電池の開発に携わったが、その後は一貫して液晶畑を歩んだ。片山が出世の階段を登るたびに、シャープの液晶投資は増えていき、社内には「液晶にあらずんば、人にあらず」の空気が横溢《おういつ》した。片山が社長になってからも、シャープの液晶テレビは売れ続けた。

だが、2008年9月のリーマン・ショックで売れ行きがピタリと止まる。液晶一本やりのシャープは、たちまち経営危機に陥った。

町田、片山時代に総額1兆円近くを投じた亀山第一、第二と堺の巨大液晶工場は、経営を圧迫する重荷になった。

「投資は2年で回収する」

電卓戦争の中で佐々木が編み出したスパイラル戦略を、町田や片山はあっさりと捨て、リングの中央で足を止めて打ち合う「ボクサー戦法」を取った。

だがもともと、体力のないシャープにとって、それは危険な賭《か》けだった。

リーマン・ショックの後、町田と片山は経営の立て直しに奔走するが、巨額投資で借金まみれになったシャープの財務は持ちこたえられない。銀行からの融資で急場をしのぐ見返りに、町田は会長を辞め、片山は代表権のない会長に棚上げされた。

それでもなお、片山はシャープ再建に執念を見せ、代表権を持つ副社長の高橋を伴って、金策の為《ため》に渡米した。代表権のない片山がマイクロソフトやクアルコムとの戦略提携をまとめ、代表権を持つ高橋がサインする。いつしか高橋には「片山のハンコ持ち」という有難くないあだ名がついた。

だが片山がまとめた提携も、結局のところ弥縫策《びほうさく》でしかなかった。

片山は任を解かれ、シャープは事実上の銀行管理会社になった。

だが後任の奥田隆司は典型的な「調整型」で、何もできないまま1年でお役御免となる。そして「ハンコ持ち」の高橋に社長のお鉢が回ってきた。2013年6月のことである。

傍流の高橋には頼れる側近もなく、危機のシャープをどう率いていいのかわからない。高橋は社長になってすぐ、大先輩のアドバイスを仰ぐため、佐々木の自宅を訪れた。

町田勝彦、片山幹雄、奥田隆司といった歴代社長は、佐々木のところに顔を出すことすらなかった。世界に冠たる液晶帝国を築いた人々は、それゆえに傲慢《ごうまん》になっていた。「液晶のシャープ」を背負う彼らにとって「電卓のシャープ」を支えた佐々木は「過去の人」だった。

彼らが顔色を窺《うかが》ったのは、シャープの中興の祖、佐伯旭だけだった。

3代目社長の辻晴雄は弟が佐伯の次女と結婚しており、4代目の町田は佐伯の長女と結婚している。片山も父親が佐伯の友人だった。孤児として育った佐伯は猜疑心《さいぎしん》が強く、周囲を同族で固めたのだ。

その佐伯は2010年に亡《な》くなるまで、シャープの経営に隠然たる影響力を持った。だが佐伯の重しが取れると、シャープの経営陣は一気に暴走する。もはや佐々木には、見守ることしかできなかった。

傍流育ちの高橋には、佐伯の息がかかっていなかった。産業機器事業部で佐々木の武勇伝を聞いて育った高橋はすがる思いで、電子立国日本の礎《いしずえ》を築いた男の下を訪ねたのである。

佐々木は数年前、50年住んだ宝塚の家を離れ、尼崎市塚口にある病院併設の介護付きマンションに転居していた。

「ドクター、我々の力不足で、シャープは大変なピンチを迎えてしまいました」

マンションの応接室で佐々木と向き合った高橋は、素直に頭《こうべ》を垂れ、シャープの窮状を包み隠さず語った。佐々木は言葉を挟まず、黙って聞いていた。

高橋が話し終わると、佐々木はおもむろに口を開いた。

「思うに、シャープの第一の失敗は、何でもかんでも一人でやろうとしたことでしょう。君たちの言う『オンリー・ワン』や『ブラックボックス戦略』は、いささか傲慢だ」

「傲慢、ですか？」

「そうだ。唯我《ゆいが》独尊と言ってもいい。全《すべ》てを自分たちでやり、成果を総取りしようという意図が見える。しかしイノベーションとは、他の会社と手を携えて新しい価値を生み出すことを言うんだよ。シャープはそうやって大きくなってきた」

高橋は神妙に頷《うなず》いた。

町田・片山時代、シャープは液晶技術で世界の先頭を走っていた。彼らは「垂直統合」「ブラックボックス戦略」の名の下に、技術を囲い込み、工場や研究所の周りに高い壁を張り巡らせた。

半導体のＤＲＡＭでは日本から韓国、台湾に技術が流出し、それが原因で追い付き追い越された。その苦い経験を繰り返さないため、町田や片山は液晶技術の流出に神経を尖《とが》らせたのだ。それはシャープのみの戦略ではなく、国の政策でもあった。

佐々木は続けた。

「我々日本メーカーはアメリカに半導体を教わった。半導体で日本に追い付かれたアメリカはインターネットに飛び移り、グーグルが生まれた。わからなければ教えを請《こ》う。請われれば教える。人類はそうやって進歩してきたんだ。技術の独り占めは、長い目で見れば会社にとってマイナスにしかならんよ」

それは1970年のことだった。半導体の開発で行き詰まったサムスン電子の李健熙《イゴンヒ》（現会長）が佐々木の下を訪れた。

「佐々木さん、助けてください」

韓国帽を脱いだ李健熙は、プライドをかなぐり捨て、佐々木に半導体の技術指導を求めてきた。その時、佐々木の頭に浮かんだのは、終戦直後、発見したばかりのトランジスタを教えてくれたベル研究所のバーディーンの顔だった。

（日本人だってアメリカに教わってここまで来た。技術は会社のものでも国のものでもない。人類のものだ）

シャープはサムスンと技術提携し、4ビットマイコンの製造技術を供与した。これがきっかけとなってサムスンの半導体事業は大躍進を遂げ、日本の半導体メーカーは壊滅的な打撃を受けた。サムスンに技術を渡した佐々木を、人々は「国賊」と呼んだ。

だが佐々木は、自分が間違ったことをしたとは露ほども思っていない。

技術を抱え込んで、自分たちだけがいい思いができる期間など高が知れている。門戸を閉ざした国や企業は競争のダイナミズムを失い、やがて失速していく。電卓戦争の後、松下幸之助がシャープに教えを請うた時、早川徳次は「教えてあげなさい。それで潰《つぶ》れるシャープではない」と言い切ったではないか。

シャープとの提携をきっかけにサムスンが日本に追いついてくるのなら、日本はその先に行けばいい。だが、日本の半導体産業はいつまでもＤＲＡＭに固執し、衰退の道を歩んだ。

（日本半導体産業の敗因は、外に技術を漏らしたことではなく、自らが足を止めたことにある）

佐々木はそう考えている。

佐々木が高橋に与えたもう一つのアドバイスは、意外なものだった。

「液晶はもういい。ロボットをおやりなさい」

「ロボットですか？」

真意を摑《つか》みかねる高橋に向かって佐々木は続けた。

「シャープの技術なら孫くんのところより、面白いロボットが作れるはずだ。まずは言葉だね。自然言語を理解するロボットを東京オリンピックまでに作るんだ。世界中から集まる人々をシャープのロボットがもてなす。素晴らしい光景じゃないか」

佐々木が「現実歪曲空間」の能力を発揮し、その光景が高橋にも見える気がした。確かにシャープの総力を結集すればソフトバンクの「ペッパー」より面白いロボットが作れるかもしれない。

「間に合うでしょうか」

高橋の問いには二つの意味があった。一つは「そんなロボットを2020年までに作れるだろうか」、もう一つは「瀕死《ひんし》のシャープに開発を続ける時間が残されているかどうか」である。

「それは君次第だ。でもね、早川さんや僕の時代にも、この程度の危機はあったよ」

そう言うと佐々木は柔らかく笑った。

高橋が佐々木の下を訪れてから1年半。シャープは迷走を続けた。2015年12月には、いよいよ資金繰りに行き詰まり、外部からの資本注入を受けるしか方法がないところに追い込まれた。救済したのは台湾の鴻海《ホンハイ》精密工業だった。

そんなある日、一人のシャープ社員が上司に伴われて塚口のマンションに佐々木を訪ねた。

景井《かげい》美帆《みほ》。

コンシューマーエレクトロニクスカンパニー通信システム事業本部の女性技術者である。景井は、車椅子に乗った佐々木が応接室に現れると、バッグの中からあるものを出した。

「これ、まだ試作なんですけど」

テーブルに置かれたのは、愛らしい顔の小さなヒト型ロボットだった。

「おお」

佐々木の目が輝いた。

「RoBoHoNと言います」

「ほう、ロボホン」

「ロボホン、起きてご挨拶《あいさつ》しなさい」

景井の声に反応し、テーブルに寝ていたロボホンは、むっくりと起き上がり、佐々木の方を向いて挨拶をした。

「コンニチハ」

「ああ、こんにちは」

佐々木は驚いて挨拶を返した。

「ロボホン、英語でご挨拶は」

「How do you feel ?」

「I am fine. ははは、英語も喋《しゃべ》るのかい」

「はい、歩くこともできます」

景井が呼ぶと、ロボホンは彼女の方に向かってヒョコヒョコと2本の足で歩き始めた。

「おお、かわいいねえ」

佐々木はロボホンを手に取り、目を細めた。背中には2インチのカラー液晶がついている。通信機能も付いており、届いたメールを読み上げてくれる。映像を壁に映し出すプロジェクターの機能もある。

「そうか、そうか」

佐々木はロボホンの機能を懸命に説明する景井にいちいち頷きながら、ロボホンを撫《な》で続けた。ロボホンの中に入っているLSIも、背中の液晶も、電子翻訳ソフトも、すべては佐々木が先鞭《せんべん》をつけた技術である。80年に及ぶ佐々木の技術者人生が、小さなロボホンの中にぎゅっと詰まっていた。

「まだ商品化できるかどうかは、わからないんです。会社がこんな状態ですから」

景井は正直に打ち明けた。

「うん、うん」

佐々木は、孫をあやすような手つきでロボホンを撫で続けた。

「そうか。この苦境の中で、君たちは、こんな素晴らしいものを作っていたのか。こいつは困ったな。次のオリンピックまで生きる理由ができてしまった」

佐々木はテーブルと車椅子の肘掛《ひじかけ》に捕まって自分一人の力で立ち上がると、景井に向かって深々と頭を下げた。

文庫版あとがき

2018年1月31日、「ロケット・ササキ」こと佐々木正は102年の生涯を閉じた。

シャープの専務、副社長として、今も我々のスマートフォンやパソコンに入っている「MOS（金属酸化膜半導体）」や「液晶ディスプレー」、化石燃料や原子力に替わる再生エネルギーの中核となった「太陽電池」を世に送り出した伝説の科学者は、最後まで探究をやめなかった。シャープの経営陣、内外の研究者など多くの人と親交を結び、アドバイスを与え、励ましてきた。

最後まで佐々木との縁を大切にしたのが、ソフトバンクグループ社長の孫正義である。佐々木が亡《な》くなって3ヶ月後の4月26日には、東京・丸の内のパレスホテルで「お別れの会」を開いた。故人にゆかりの深い約200名が参列した。

孫は「私にとって佐々木先生は大恩人。佐々木先生との出会いがなければ今日のソフトバンクグループも私もなかった」と弔辞を述べた。自分を見出してくれた佐々木に対する心からの感謝の言葉であった。

わたしが最後に佐々木に会ったのは亡くなる一年ほど前のことである。いつものように尼崎市のマンションを訪ねると、佐々木は車イスに乗って現れた。100歳を過ぎても杖《つえ》をつきながら、自分の足で歩いていたが、少し前からそれも困難になっていたようだ。

テーブルに着いた佐々木は、カバンの中から一冊の本を取り出し、こう言った。

「今、これを読んでいるんだが、面白いね。僕と同じことを言っているよ」

オレンジ色の表紙のその本は『ZERO to ONE（君はゼロから何を生み出せるか）』だった。著者はネット決済の草分けペイパルの創業メンバーで、無名時代のフェイスブックへの出資などで知られるシリコンバレーのドン、ピーター・ティールである。

「ピーター・ティールなんて、どこでお知りになったんですか」

100歳を超えた佐々木が、ティールの本を読んでいることに驚いた私が聞くと佐々木は笑いながら言った。

「何、新聞の広告を読んでね。面白そうだったから、買ってきてもらった。ゼロからイチを生み出すのは難しい。だから面白い。最近の日本企業に欠けているのはそこだな」

「伝説の技術者」と言われる佐々木の元を訪れる者は多いが、佐々木はいつも来訪者より多くの質問を発する。アドバイスを与えるだけでなく、いつも自分が情報を吸収していた。肉体的な衰えには逆らえないが、「面白そうだ」と思える心があれば精神は衰えない。佐々木の生き様は見事なまでに、それを体現していた。

この本を書き終わった後、2016年3月にシャープは台湾の鴻海（ホンハイ）精密工業から出資を受け入れ、同社の傘下に入った。官製ファンド「産業革新機構」と激しく争ったが、最後にホンハイが勝った。

その直後にも佐々木に会った。自分が育てたシャープが外資に買収されたことをどう思っているのか。そう尋ねると、佐々木は笑った。

「郭さんなら、よく知っとるよ。あの人はシャープが大好きだったからな。大丈夫だよ」

「（ホンハイ会長の）郭台銘（テリー・ゴウ）をご存知なのですか」

「ああ、テリーは洟《はな》垂れの頃から知っとるが、私が言っとるのはテリーの親父さんだよ。台湾でシャープと商売をしとったよ。『ササキさん、シャープの仕事ありませんか』と言うので、テレビの販売をやってもらったかな。その時、郭さんの足元でチョロチョロしとったのが、テリーだよ」

佐々木が「よく知っとる」と言ったのはテリー・ゴウの父親だった。物心がついてから大学生になるまでを台湾で過ごした佐々木は、元総統の李登輝をはじめ台湾に多くの知己を持つが、テリーの父親もその中の一人だった。息子のテリーもホンハイを立ち上げるまで、シャープ製のテレビを中国で売るなど、佐々木の世話になっている。それこそ佐々木から見れば「洟垂れ小僧」だったテリーにシャープを事実上、買収されたわけだから、心中穏やかならざるものがあるのではないか、と思ったが、佐々木は柔らかく笑って、こう言った。

「いいんだよ。今はホンハイに勢いがあり、シャープに元気がないから、ホンハイがシャープを助ける。時代が変われば、その逆になることもある。どの国の資本かなんて、小さな問題だ」

そうかもしれない。１９９９年、ルノーの傘下に入った時の日産自動車はまさに「死に体」だった。しかし、あれから20年、カルロス・ゴーン前会長のもとで大リストラをした日産は息を吹き返し、今や親会社のルノーをはるかに凌《しの》ぐ収益力を誇る。力をつけた日産に「逃げられては困る」と経営統合を急ぐルノーに対し、日産には「ルノーからの独立」を望む声もある。

日産の内部告発から始まったゴーン前会長の逮捕劇の背景には、そんなルノーと日産の力関係の変化がある。常に激しい競争に晒《さら》されるグローバル・ビジネスでは、20年もあれば主客は簡単に転倒するのである。

シャープで副社長まで務めた佐々木だが、こうしたM&Aにはあまり興味を示さない。ビジネスにはある程度の利益や規模が必要だが、佐々木にとってそれはあくまで手段であり目的ではない。佐々木の目的は何度も書いてきたように「技術革新で人類に進歩をもたらすこと」である。技術の進歩に貢献できさえすれば、局面局面でどの国の企業が勝つかなど「小さな問題」なのだ。

だから「国益」に縛られている官僚とは、いつも議論がかみ合わなかった。韓国・サムスン電子との技術提携に対し、役人は「我が国の国益を損なう」と反対したが、佐々木は「何を小さなことを」と取り合わなかった。

アポロ宇宙船向けの半導体開発に携わり、電卓戦争を勝ち抜き、スティーブ・ジョブズにインスピレーションを与え、孫正義を見出した。刮目《かつもく》すべきは、これらの偉業を佐々木がサラリーマンとして成し遂げた点である。評伝の対象になるビジネス・パーソンのほとんどは、創業者だ。起業とはビジネスの世界における最大のロマンであり、伸るか反るかの勝負に勝った成功者は巨万の富を手に入れる。彼らの生き様は各者各様にドラマチックだ。一方、創業者の下で働くサラリーマンの人生は、ローリスク・ローリターンが相場であり、ドラマになりにくい。

だが佐々木の102年の生涯は、サラリーマンでも覚悟次第で十分、ドラマチックに生きられることを証明している。佐々木にやりたいようにやらせたのはシャープ創業者、早川徳次の度量だが、「雇われの身」であることを微塵《みじん》も感じさせない佐々木の働きぶりもまた見事である。

日本のバブル崩壊から30年が経《た》とうとしている。「失われた20年」が「失われた30年」になり、世界経済における日本企業の存在感は低下する一方だ。企業の価値を示す株式時価総額ランキングに目をやれば、トップテンは米中企業が席巻し、日本企業はといえば、トヨタ自動車が40位代にようやく顔を出す程度の体たらくだ。

日本企業の株価が上がらないのは、世界の人々が驚いたり、熱狂したりする製品やサービスを生み出せなくなっているからだ。会社から言われたことしかやらない日本のサラリーマンの官僚化が、日本企業から活力を奪っている。

だが「どうせサラリーマンだから」と諦めてしまったのでは、佐々木に笑われてしまう。佐々木はサラリーマンの身でありながら、世界を驚かせ、熱狂させ続けたのだ。「イノベーションは起業家が起こすもの」と決まっているわけではない。むしろ大きな組織や資本を持つ大企業はベンチャーより恵まれた立場にあるはずだ。要は中で働く人々の心構え次第なのだ。

「会社のため」に働くのではなく、会社を使って「人類のため」に働いた佐々木は「サムライ・サラリーマン」のお手本として、長く後世に語り継がれるべき男である。

大西康之

2019年2月

【主要参考文献】

『原点は夢　わが発想のテクノロジー』佐々木正（講談社、２０００年）
『わが「郊之祭」　感謝・報恩の記』佐々木正（財界通信社、２００５年）
『生きる力 活かす力　自分も相手も高める』佐々木正（かんき出版、２０１４年）
『ある日ある時』早川徳次（早川電機工業株式会社研修所、１９６９年）
「別冊 1億人の昭和史」『日本植民地史（３）台湾　総督府が治めた半世紀』（毎日新聞社、１９７８年）
『敗戦日記』高見順（文春文庫、１９９１年）
『電子立国日本の自叙伝』相田洋（日本放送出版協会、１９９１〜92年）
『シャープを創った男　早川徳次伝』平野隆彰（日経ＢＰ社、２００４年）
『私の考え方』早川徳次（浪速社、２００５年）
『三洋電機　井植敏の告白』大西康之（日経ＢＰ社、２００６年）
『陸軍登戸研究所の真実』伴繁雄（芙蓉書房出版、２０１０年）
『会社が消えた日　三洋電機10万人のそれから』大西康之（日経ＢＰ社、２０１４年）

こんなスケールの大きい日本人が本当にいた

孫　正　義

ドクター佐々木は、私とソフトバンクにとって大恩人中の大恩人です。ドクター佐々木と出会っていなかったら、ソフトバンクという会社はスタートできていなかったかもしれない。

最初に出会ったのは私が19歳のとき。私はカリフォルニア大学バークレー校の学生でした。電子翻訳機の試作機を作って、いろんなところに持って行ったのですが、どこにも相手にされなかった。その中でただ一人、真面目《まじめ》に話を聞いてくれたのが、シャープの専務だったドクター佐々木です。

その技術はのちに大ヒットしたシャープの電子手帳「ザウルス」につながっていくのですが、この時の契約で得たお金でソフトバンクはスタートを切ったわけです。

ドクター佐々木は電子翻訳機を評価してくれただけでなく、こうも言ってくれました。「孫君、君は面白い男だなあ」と。

電子翻訳機の契約が終わり、私がバークレーに戻った後も、ドクター佐々木は3ヶ月に一度くらいのペースでアメリカに来て、その度にランチや夕食に誘ってもらいました。「どうだ、研究はうまくいっているか」「大学を卒業したらどうするんだ」と、何くれとなく気にかけてくれました。

卒業が近づいてきたある日、ドクター佐々木はこう言いました。

「孫君、シャープに来ないか。来るのなら研究所を作って、そこの所長に迎えるよ」

私は大学を出たばかりの若造ですよ。冗談に聞こえるかもしれませんが、ドクター佐々木は本気だった。年齢とか国籍とかには全く頓着《とんちゃく》しない人でしたから。

私は「大変ありがたいお話ですが、卒業したら自分で会社をやってみたいと考えています」とお断りしました。するとドクター佐々木は「それは、それで素晴らしい。応援するよ」と言ってくれました。

実際、私がソフトバンクを立ち上げた後も、ちょくちょく声をかけてくれましたし、いろんな人を紹介してくれました。「親や親戚でもここまでは面倒を見てくれないだろう」と思うほどに。

紹介してもらった人の極め付きは、サムスン電子の創業者、李秉喆《イ・ビョンチョル》さんです。サムスンが半導体に進出する時、李秉喆さんは、日本の半導体産業の第一人者であるドクター佐々木にアドバイスを求めました。するとドクター佐々木は「面白い男がいるよ」と私を李秉喆さんに引き合わせたのです。

　私は李秉喆さんに言いました。

「半導体産業はアメリカと日本がかなり先行しているから、これから追いかけるのは大変です。それでもやるというのなら、アメリカが得意なＣＰＵ（中央演算処理装置）と日本が得意なＡＳＩＣ（特定用途向け半導体）はやめて、価格で勝負できるメモリーに特化してみてはどうだろう」

　李秉喆さんはとても喜んで、二ヶ月後には広大な土地を買ってメモリーの大工場を建て始めました。その行動力には大いに驚かされましたが、その後もサムスンとはずっといい関係が続いています。この前も李秉喆さんの孫にあたる李在鎔《イ・ジェヨン》（サムスン電子副会長）とご飯を食べながら、「出会いのきっかけを作ってくれたのはドクター佐々木だったね」と話したところです。

　エレクトロニクス、ＩＴの分野でドクター佐々木のお世話になった人は数知れませんが、私にとっては彼の生き様が最高の教科書でした。ドクター佐々木はシャープの副社長を退いた後も、ナノ・テクノロジーなど最先端の技術に興味を持ち、自らも関わり続けていました。私たちはその背中を見て育ったのです。だから彼の周りにはいつも人が集まっていたのです。

私とドクター佐々木を結びつけたのはLSI（大規模集積回路）でした。バークレーの学生だった頃、生まれて初めてLSIの拡大写真を見た私は、感動で涙が止まらなかった。「このマイクロコンピューターが、人類最大の革命を起こす」と確信したからです。

ドクター佐々木はそのLSIを電卓に採用し、激しい「電卓戦争」を勝ち抜いた。その動機は「会社のため」とか「日本のため」とかではなく「人類の進歩のため」という壮大なものです。テクノロジーは何のためにあるのか。「利益のため」じゃつまらない。やっぱりそこは「人々の幸せのため」じゃなきゃ、面白くないですよね。ドクター佐々木はそんなスケールの大きな考え方をする人でした。

翻《ひるがえ》って、今の日本の会社は、ただの〝サラリーマン組織〟になり、ハングリー精神や「新しい時代を作ってやろう」という気概がなくなっている気がします。言われたことをただやる真面目な人だけではダメなんですよ。

自分で勝手に考えて自分で勝手に情熱を燃やす。それが結果として人類のためになる。これこそが人間の素晴らしさだと思うのです。情熱を燃やすのは起業家だけではありません。ドクター佐々木はサラリーマンでしたが、組織に縛られず、情熱を燃やし続けました。

私の大恩人であるドクター佐々木は、２０１８年１月に１０２歳で亡《な》くなりました。最後まで探究心を失わない素晴らしい方でした。この本を読むことで「そういう日本人が本当にいた」ということを、若い人たちに知ってほしいと思います。

（２０１９年１月、ソフトバンクグループ会長兼社長）

この作品は二〇一六年五月新潮社より刊行されたものに加筆修正をした。

ロケット・ササキ
ジョブズが憧れた伝説のエンジニア・佐々木正

新潮文庫　お－106－1

平成三十一年四月一日発行

著者　大《おお》西《にし》康《やす》之《ゆき》

発行者　佐藤隆信

発行所　株式会社 新潮社
郵便番号 一六二―八七一一
東京都新宿区矢来町七一
電話 編集部(〇三)三二六六―五四四〇
読者係(〇三)三二六六―五一一一
https://www.shinchosha.co.jp

価格はカバーに表示してあります。

乱丁・落丁本は、ご面倒ですが小社読者係宛ご送付ください。送料小社負担にてお取替えいたします。

印刷・大日本印刷株式会社　製本・株式会社植木製本所

ISBN978-4-10-101261-2 C0195